DEN VATER ZUR WELT BRINGEN

EINE UNTERHALTUNG

Hosea Ratschiller   Klaus Ratschiller

DEN VATER ZUR WELT BRINGEN

EINE UNTERHALTUNG

MOLDEN

Inhalt

Vater

Dezember – Mai

nichts gestehen, nichts verschweigen, einfach bleiben

Das Geschenk

1

Abends habe ich meine Tochter gefragt, was eigentlich ein Vater ist. Die Leselampe war schon aus, der Hobbit wirkte noch nach und meine Frage entfaltete sich nebulöser als die Bergketten von Mittelerde. Umso klarer war ihre Antwort: „Ein Vater ist ein Mann, der ein Kind sehr liebhat." Gegrinst habe ich dann natürlich schon. Und vom Fensterbrett aus, im Streulicht der Straßenlaterne, hat der angebissene St. Nikolaus urteilslos zurückgegrinst. Mein Anliegen war sanft entlarvt worden. Ohne Häme wurde mir die Koketterie offenbart, mit der ich meine Tochter nach mir selbst fragte. Und so lag ich dann noch unbeschwerter neben diesem lieben Kind und sortierte meine Gedanken.

Vater werden war nicht schwer. Aber ist das wirklich in jener überschwänglichen Herbstnacht passiert? Nein, es war wohl dieser windige Morgen im August, an dem ich übermüdet zum Standesamt gestolpert bin und mit seligem Lächeln behauptet habe, ein Vater zu sein. Es gab auch eine Mutter, das konnte ich auf Verlangen dokumentieren. Ihr Beitrag zur Geburt war unübersehbar gewesen, erst durch ihre Kraft war alles ans Licht gekommen, nur meine Rolle blieb im Dunkeln. Ja, ich hatte beim Atmen geholfen und Gemütsruhe simuliert, aber die Hebamme war noch entscheidend sachdienlicher gewesen, und trotzdem hatte niemand ihre Vaterschaft auch nur in Betracht gezogen.

Bin ich also tatsächlich in einem zugigen Kreißsaal zum Vater erklärt worden, nur weil ich der einzige Mann im Raum war und bei der Geburt nicht allzu sehr im Weg stand? Oder habe ich die Vaterrolle nicht doch eher an mich gerissen, indem ich ungebeten das Fenster schloss, um meine Tochter vor Erkältung zu schützen, und mit dieser Eigenmächtigkeit alle für sie lebenswichtigen Frauen überging?

Waren das noch menschliche oder schon väterliche Gefühle, die eingesetzt haben, als ich instinktiv das Hemd auszog, um die Neugeborene an meiner Haut zu wärmen, begreifend, dass ich bis an mein Lebensende für sie da sein würde?

Jedenfalls bezeugte die eindeutige Mutter meine Vaterschaft, nur auf unseren gemeinsamen Verdacht hin, was dem Standesamt offenbar Respekt einflößte, und seither trägt dieses Mädchen meinen Namen. Niemand hat jemals angezweifelt, dass ich sie rechtmäßig zum Schwimmkurs anmelde oder zu verantworten habe, dass die Kleine sich in Mittelerde herumtreibt, obwohl sie erst acht Jahre alt ist. Wahrscheinlich gilt als lebendiger Ausweis, dass sie mir sehr ähnlich sieht, vor allem, wenn sie selig lächelnd Nikoläuse köpft. Ja, ich bin der Vater dieses Mädchens, daran kann es keinen Zweifel geben.

Gelassen erwartete meine Tochter den gewohnt robusten Schlaf. Neben ihr entfaltete sich in mir unaufhaltsam die Vielgestalt der Frage, was ein Vater eigentlich genau ist. Eitel plusterte sie sich auf, zeigte sich von allen Seiten und durchwirkte das Einsetzen der wieder einmal wärmsten Dezembernacht der Messgeschichte. Ich war nervös. Es waren nur mehr drei Wochen bis Weihnachten. Und ich brauchte dringend eine Idee.

Abgabetermine sind mir weder fremd noch lästig. Sie geben meinem unruhigen Berufsleben ermutigende Struktur. Aber Weihnachten bleibt trotz aller Routine die aufwühlende Deadline eines jeden Jahres. Alles, was ich heuer geben kann und will, verpacke ich am Vormittag des 24. Dezember so geschickt und elegant, wie mir das gerade möglich ist, und mache es dann den Menschen, die ich liebe, zum Geschenk. Ich will meinen Leuten zeigen, dass sie bemerkt werden, das ganze Jahr über, indem ich zum idealen Zeitpunkt ins Schwarze treffe. Die vielen Sonntage ohne Anruf, die vergessenen Geburtstage, mein Versagen in jeder Spielart des Smalltalks, zu Weihnachten wiege ich all das Versäumte auf und drücke mit durchdachten, unverschämt raumgreifenden Gesten meine vorbehaltlose Mitmenschlichkeit aus.

Dabei werden ohne Scheu meine Unfähigkeiten, Kenntnisse und Sehnsüchte offenbart. Nur von der Bühne ziele ich mit ähnlicher Hingabe auf Wirkung. Die Ideen kommen mir am verlässlichsten beim Spazierengehen, wenn ich mich an etwas Schönes erinnere, aber nicht deutlich genug, und die Gegenwart vervollständigt meine Erinnerung als Lückenfüller. In solchen Momenten bin ich ziemlich sicher, dass mir gerade etwas eingefallen ist.

Natürlich! Neuerdings lebe ich mit zwei weiteren Kindern zusammen. Die sehen einem anderen ähnlich, bekommen aber trotzdem wochentags von mir ihr Frühstück serviert, und ich hätte große Lust, mit deren Mutter irgendwann am Standesamt zu landen. Zusammengezogen sind wir erst vor zehn Tagen, morgen früh werde ich den Haferbrei wieder auf der elektrischen Kochplatte im Wohnzimmer anrühren. Drei Kinder werden dann ganz genau beobachten, in welcher Reihenfolge ich die Teller auf das Bügelbrett stelle, wie die Beeren diesmal verteilt sind und ob ich mir gemerkt habe, wer Zimt will und wer Butter dazu. Ich werde da sein, in unserer neuen Wohnung, und mich bemühen. Auch die Nikoläuse auf den Fensterbrettern im anderen Kinderzimmer habe ich mit Zuneigung ausgesucht, wann sie angebissen werden dürfen, das ist aber nicht mein Bier. Und wenn ich die Fenster der Kleineren schließe, um Zugluft zu vermeiden, bin ich mir nicht sicher, ob meine Fürsorglichkeit gerade eine Grenze überschreitet.

Kein Wunder, dass ich manchmal, so wie jetzt in unseren ersten gemeinsamen Adventtagen, der Frage, was ein Vater eigentlich genau sein soll, unmöglich ausweichen kann, vor allem abends, fast als wäre alles wie immer. Die Deadline im Nacken, irgendwo rund um den Atlaswirbel, lasse ich nicht locker und will es von meiner Tochter noch genauer wissen. Die hat sich aber längst zur Seite gedreht und wiegelt demonstrativ ab. Sie murmelt: „Ein Vater ist ein Mann, der mit einer Frau ein Kind gemacht hat." Alles klar. Morgen kriegst du dein Frühstück als Erste. Gute Nacht.

Beim Warten auf leises, regelmäßiges Schnarchen, dieses Sesamöffnedich für das Felsentor zwischen Kinderzimmer und Erwachsenenleben, habe ich, in unser beider Halbschlaf hinein, überlegt, wie ich wohl selbst im Alter meiner Tochter einen Vater beschrieben hätte. In meinen Geschichten waren die Väter abenteuerlustig und genussfreudig wie Kapitän Langstrumpf, weise und warmherzig wie der Erzähler in *Pu der Bär*, rabiat, aber versöhnlich wie Pumuckls Meister Eder. Als Zweitklässler hätte ich, trotz dieser üppigen Palette, einen typischen Vater wahrscheinlich als strengen Mann mit Hut und Aktentasche gezeichnet, der spät heimkommt, zu einer liebevollen Mutter in Kochschürze. Ich hätte alles richtig machen wollen. Und ich war sicher, die Welt ist voll von diesen Leuten, obwohl sie mir niemals begegnet sind, bis heute nicht. Außerdem wusste ich mit acht Jahren genau, dass der heilige Josef der Vater von Jesus ist, aber irgendwie auch nicht. Ich wusste, dass in Österreich früher die allermeisten Väter Nazis waren, aber dann irgendwie doch nicht. Und ich wusste als Kind auch schon, dass man von einem Vater zwei Kugeln Eis bekommt, die dann sogar noch in Schokolade eingetaucht werden. Ich wusste, dass ein Vater fester schießen kann als jeder Freund, dass er nachts manchmal weint, dass man vereinbarte Uhrzeiten einhalten sollte, dass er eine rot gefärbte Haarsträhne hat, Philosoph ist und dass er mir viele schöne Geschichten vorliest. Denn auch ich habe einen Vater. Aber heuer fällt mir partout nicht ein, was ich ihm zu Weihnachten schenken soll.

Also von vorne. Bei diesem Mann bin ich aufgewachsen. Wir haben 13 Jahre lang zu zweit gewohnt. Als ich volljährig war, ist er ausgezogen. Ich bin das Kind von Außenseitern, der Enkel von Autoritären und der Schulfreund von Gläubigen. Meine Sprachen waren Kärntnerisch und Slowenisch. Von diesen Rändern aus habe ich mich mühsam dorthin durchgewurschtelt, wo ich eine Mitte vermutete. Unterwegs habe ich meine Sprachen beide verloren und ein paar Überzeugungen gewonnen. Mein Drang, alles richtig zu machen, ist immer noch groß.

Heute bin ich zum Beispiel sicher, dass sich die Arbeitswelt, das Internet und Klimafragen durch Demokratie am wahrscheinlichsten in eine tragfähige Ordnung bringen lassen werden. Aber von der Demokratie wird man nicht einfach so berieselt, auch davon bin ich fest überzeugt, sie funktioniert nur dann, wenn man sich an ihr beteiligt. Für diese Beteiligung braucht man weder einen Studienabschluss noch irgendeine andere Erlaubnis. Was man jetzt schon weiß, was man bisher erfahren und erlebt hat, ist genug, es ist ausreichend, um sich ausdrücken zu dürfen. Lernen schadet nicht, aber man hat zu jedem Zeitpunkt volle Aufmerksamkeit verdient. Noch so eine Überzeugung von mir. Aber was soll ich auch sonst sagen, als Kabarettist. Ich verdiene mein Geld damit, abends zu erzählen, was ich jetzt schon weiß, was ich bisher erfahren habe und was ich von Tag zu Tag erlebe. Menschen zum Lachen zu bringen ist ein schöner Beruf, man darf nur den Mut nicht verlieren. Demokratie ist keine sichere Sache.

Als Kinderloser war ich weitgehend unbelasteter Konsument der staatlichen Ordnung und meiner ungeheuerlichen Privilegien als Österreicher. Große Töne von der Revolution habe ich gespuckt, bevor mir klar wurde, wie radikal erschöpft man sein kann, und dass man dann aber trotzdem noch Windeln wechseln muss. Ich bin ein Wohlstandskind.

Geburtsurkunde und Staatsbürgerschaft waren zernudelte Zettel voller Tassenränder, die ich zwischen Rechnungen und Magazinen kaum finden konnte, als ich am Standesamt zum Vater gestempelt werden sollte. Dafür hatte ich dann aber auch meinen Taufschein dabei. Als ich meine Dokumente, die notwendigen und die überflüssigen, überreichte, war mir, als würde die Beamtin, so wie ich selbst, durchschauen, dass diese Urkunden einen Hosea Ratschiller auswiesen, der wenig mehr war als eine Behauptung. Auf dem Papier hatte ich Distanz zu mir selbst.

Zu dieser Zeit fiel es mir leichter als heute, Lebensfeindlichkeit und Stumpfsinn der Leistungsgesellschaft unbeschwert zu kommentieren.

Als Vater bin ich traurig und zornig, wenn das Pensionssystem Frauen systematisch benachteiligt und in Altersarmut treibt. Ja, Idealismus ist anders, aber das Politische erschüttert mich erst wirklich, seit meine Tochter auf der Welt ist. Für das wendige Umschiffen von Klischees fehlt mir neuerdings die Kraft, ich stehe mit beiden Beinen mittendrin.

Ich bin ein müder, zorniger Vater. Und ich empfinde es als meine Pflicht, an Stadt und Land teilzunehmen. Aber wie? Geschichten haben mich immer fasziniert, Mythen und Wunder. Die Klimakatastrophe, künstliche Intelligenz und Österreichs Bundesverfassung sind im Kreise meiner Leidenschaften relativ neu.

Ideen wie die von Menschenrechten, von der Vorläufigkeit allen Wissens oder einer kritischen Öffentlichkeit haben mir geholfen, den Weg zur Mitte anzupeilen. Wenn all das, was mir zentral scheint, unter dem Jubel einer wachsenden Gemeinde von Gläubigen, an den Rand gedrängt wird, dann lebe ich in wachsender Sorge, die sich körperlich auswirkt. Beweisen kann ich meine Eindrücke von der Welt selten, nicht einmal die von Wien, aber ich versuche unter hohem Aufwand, sie zu argumentieren. Dabei pflege ich aufrichtig meine Bereitschaft dafür, dass mich Klügere, Erfahrenere oder Belesenere vom Gegenteil überzeugen. Ich möchte gern ein Vernünftiger sein.

Aber, wenn ich bemerke, für den Staat, den eine Mehrheit sich wünscht, wird ein Möchtegern wie ich gar nicht gebraucht, dann nimmt mir das Luft und Raum. Mein Anlauf zum Staatsbürger war lang und ich will es eigentlich gerne bleiben. Vielleicht ist das ja ein Vater, ein Erschütterbarer.

Meiner ist es jedenfalls ganz sicher. Der Klaus ist der gescheiteste Mann, den ich kenne. Es gibt Menschen, von denen kann man viel lernen. Aber, nachdem man mit meinem Vater geredet hat, ist man lieber auf der Welt. Man muss ihm allerdings zuhören wollen, weil aufdrängen tut er sich nicht. Als Kind hatte ich mit seiner Zurückhaltung große Probleme. Ich wollte, dass mein Vater erfolgreich ist, dass alle sehen, was er für schöne Gedanken hat. Aber anstatt sich selbst durchzusetzen, hat er immer alles um sich herum gelten lassen, höflich und liebevoll. Im Rückblick wird klar, wie sehr ich davon profitiert habe. Aber der Wunsch des Kindes war, dass mein Vater im Anzug Vorträge halten würde. Und zu Weihnachten hat er sich, mir zuliebe, sogar einmal eine Krawatte umgehängt. Ja, zu Weihnachten wurden immer schon große Geschenke gemacht. Die selbstbewusste Einmischung ins Öffentliche, die ich mir tatsächlich von ihm erhofft habe, ist aber nie unter dem Christbaum gelegen.

Mein Vater mag seine Hemmungen. Und ich habe gelernt, sie zu lieben. Er kann seine Zurückhaltung mindestens so leidenschaftlich argumentieren wie ich meine Meinungen. So ist im Laufe unseres gemeinsamen Lebens ein Austausch entstanden, der mich fordert, inspiriert und mir lange Maß aller Dinge war. Inzwischen hat mein Vater tatsächlich ein paar seiner Geschichten veröffentlicht. Aber sogar dabei hat er sich zurückgehalten. In diesem Punkt unterscheiden wir uns grundsätzlich.

Als Kind schon habe ich Publikum gesucht und gefunden. Mit sieben war der Musiker Prince mein Vorbild. Gesungen und getanzt habe ich aber nie für mich allein. Heute bin ich sicher, dass es bei meinen Faxen immer auch ein bisschen darum gegangen ist, die Ideen meines Vaters zu verwirklichen. Der hat ein Leben lang gelesen. In unseren Wohnungen gab es nicht immer einen Kleiderschrank, aber die Räume waren bis zur Decke voller Bücher. Das Akademische, die Hochkultur und das Intellektuelle waren für mich nie ein anziehender Rahmen, vielleicht auch, weil der Zugang zu all dem für mich immer selbstverständlich vorhanden war. Als Jugendlicher wollte ich nie Teilnehmer einer offiziellen Kultur werden, sondern das, was da war, all das Bedeutungsvolle, immer nur aufbrechen, verspotten oder entlarven. Vielleicht war das die simple Rebellion des naseweisen Akademikerkindes, hanebüchenes Schülerkabarett. Womöglich steckte hinter meiner Entscheidung für die Showbühne aber auch eine Idee. Wenn mein Vater spannende Sachen gesagt hat, dann war mein Impuls, ich will das allen weitererzählen. Sonst wäre ich womöglich nicht Kabarettist geworden. Ich finde es albern zu leugnen, dass Eliten existieren und dass Kultur sogar elitäre Biotope braucht. Aber, wenn Demokratie funktionieren soll, dann muss neben dem Geld auch das Schöne, Interessante und Sinnvolle seine Wege hinauf und hinunter finden.

Mir selber reichen Stichworte, und ich fange schon an zu tanzen und zu springen, mein Vater aber will das Lexikon sein. Zeit meines Lebens war er für mich da, hat sich aufschlagen lassen und ich durfte blättern, auf den Seiten rumkritzeln, dann und wann sogar welche rausreißen. Wie man mit einem Kind redet, das habe ich von meinem Vater gelernt.

Wahrscheinlich haben meine Tochter und ich deshalb keine Angst vor Gesprächen, albernen und ernsten. Wir können nicht gut miteinander spielen, aber Worte, Stimmen und Geschichten, das ist unsere Welt. Vor dem Einschlafen sind bei uns die abstrakten Themen dran. Urknall, Eifersucht und Italien. Über solche Sachen reden wir mit geschlossenen Augen, Kopf an Kopf. Nach dem Zähneputzen beflügelt uns Erleichterung und keine große Frage scheint mehr unberührbar. Dann lesen wir gemeinsam ein paar Seiten und anschließend trauen wir uns jeden Gedanken zu.

An diesem Nikolausabend in der neuen Wohnung genossen wir erleichtert das gemeinsame Schweigen. Der robuste Schlaf meiner Tochter erlöste uns von der leichten Turbulenz, die ich unserem Weg ins Träumeland zugemutet hatte. Als ich ihr Zimmer verließ, war mir klar, was ich dem Klaus zu Weihnachten schenken will. Wir schreiben gemeinsam ein Buch. Wär doch gelacht, wenn man so einen Vater nicht zur Welt bringen kann.

Mein lieber Klaus und Vater,
Ich schreibe das ins Chaos hinein, finde nicht
einmal den richtigen Stift. Wie wichtig des
sein kann, den richtigen Stift zu haben, des
weiß ich von dir. Und, dass man schreiben kann,
das ist auch eine Möglichkeit, die du mir gegeben
hast. Ich glaube, sonst, ohne diese Möglichkeit, wäre
ich im Chaos verloren. Mein Geschenk zu diesem
Fest ist, dass ich mit dir etwas schreiben will. Und
der Molden Verlag will das im Frühjahr 2022
verlegen. Es soll ums Vater sein gehen. Ich hoffe,
du hast Lust. Ich liebe dich sehr, hosea

2

Wir verpacken für unser Leben gerne. Manchmal mit feinen Papieren und erlesenen Bändern, dann wieder plustern sich die kleinsten Schachteln oder Briefchen mittels greller Umhüllung auf, oder jemand versucht es diesmal ganz ohne Klebstoffzusatz und ausschließlich mit Alltagsmaterialien wie Zeitungen oder alten Hefteinbänden. Schlichtheit, eine weitere Möglichkeit, verlangt die allergrößte Sorgfalt.

Und ausgepackt wird langsam. Sehr langsam. Alle schauen bei jedem der Geschenke zu, was zur Geduldsfrage werden kann. Vielleicht greift dann doch jemand helfend ein und die Zuschauenden äußern mehr oder weniger ernstgemeinte Vermutungen, was den Inhalt betrifft. Ein Geschenk ist ein Einfall, nichts Ausgedachtes. Und als Einfall überschreitet es Grenzen, kümmert sich nicht um Festgefügtes.

Unter solchen Bedingungen sitze ich also hier – hinter mir der Weihnachtsbaum, zerfleddertes Seidenpapier, jedes Jahr der viel zu mächtige, sanft schwankende Haufen loser Hüllen, durchzogen von glitzernden Bändern. Auf dem Tisch die heuer besonders guten Weine, zum ersten Mal steirischer Gin, auch Tee und Kindersekt, Wasser. Der Käse zerrinnt bereits, weil es schon spät ist. Trauben, Feigen und Flugmangos, diese Wortreihe wird von Hoseas Tochter und meiner, die eineinhalb Jahre älter als sie ist, mit allergrößter Ironie bis zur Schlafenszeit wiederholt. Und nun kommen auch schon die teils selbstgebackenen, teils bekanntermaßen besten Kekse der Stadt. Ich spüre die Blicke: „Jetzt du!"

Die anderen lächeln sich vielsagend und mir aufmunternd zu. Sie sind die, die wissen, was ich auspacken werde, und die gespannt sind, was der Ahnungslose dazu sagen könnte. Ich öffne das Briefkuvert, einfacher geht es nicht: Das Kuvert ist die Verpackung und umhüllt einen Brief, dessen Inhalt von den beiden Mädchen aufgeregt als Hauptgeschenk angekündigt worden ist. Ich lese den kleinen Text meines Sohnes, der darin in wenigen Worten von sich erzählt, vom Chaos und von der Wichtigkeit des richtigen Schreibzeugs, vom mich Gernhaben und davon, dass er mit mir etwas schreiben will, dass es bereits einen interessierten Verlag gebe und dass es darin um das Vatersein gehen solle. Der vorletzte Satz lautet: Ich hoffe, du hast Lust. Der letzte ist einfach, schön und ein Geschenk in sich, nur für mich.

Währenddessen sitzen sie da, meine Frau und unsere Tochter und mein Sohn und seine Tochter, und warten. Schauen mich an. Wenn es sowas wie Weihnachtsstille gibt, dann ist das jetzt eine. Was wird der Beschenkte sagen? Natürlich ist der Moment zum Weinen und zum Schreien schön – kurz noch in Schwebe zwischen länger, sehr lange noch schweigen und jetzt, jetzt sofort zu sprechen beginnen – und ich lese die Karte ein zweites Mal, aber nun laut vor, meine Stimme zittert. Auch meine Stimme.

Weihnachten ist immer ein guter Tag für uns gewesen, für meinen Sohn und mich und wahrscheinlich auch für die, die nicht immer dabei waren, manche sind irgendwann nicht mehr gekommen, andere kamen dazu. Wir mögen Geschenke. Zu Weihnachten geht es um die Geschenke! Das würde ich jedem Kind vorbehaltlos sagen. Und es geht um das Drumherum. Schenken ist Kraft-, manchmal auch Geduldssache oder eine Angelegenheit des Bastelns. Wir erfinden und bezeugen auf diese Weise, wie wir einander mögen und lieben. So erträumen wir uns ein Zusammenleben.

Beschenkt zu werden, etwas anzunehmen, etwas, das, wenn es richtig ist, nicht sofort wie angegossen sitzt, sondern sich wie alles, was wichtig wird, zuerst fremd anfühlt, und das manchmal verwundert und mitunter auch ängstigt, verlangt die Kräfte des Annehmens. Es gilt, die Schleife auseinanderzuziehen, das Geschenk zu öffnen, den Punkt, der einen trifft, auseinanderzuziehen wie ein Seidenpapierkügelchen, das eine Welt enthält. Das Geschenk ist eine gefaltete Ebene.

Und seit diesem Moment habe ich mit dem Kügelchen zu tun, das mich dazu eingeladen hat, darüber zu schreiben, wie zwei Väter, die auch Vater und Sohn sind, über das Vatersein nachdenken können. Was sie dazu zu sagen haben. Hosea hat mir, gleich nach dem Verlesen des Textgeschenks in die erneut eintretende und möglicherweise noch erwartungsvollere Stille hinein, Bedenkzeit eingeräumt, hat gesagt, dass ich nicht sofort antworten muss, dass ich es mir gut überlegen soll. Es war mir sehr klar, dass nur ein Ja gilt und dass das jetzt und sofort gesagt werden muss. Es ist ein Geschenk, das man nicht ablehnen kann.

Aber ich zuckte zurück, wie vielleicht immer schon im ersten Moment der Berührung, der Zärtlichkeit, auf jeden Fall wie immer, wenn ein zu großes Thema auftaucht. Im Leben hätte ich nicht gedacht, jemals über das Vatersein zu schreiben, geschweige denn, es zu wollen. Und natürlich blitzte beim ersten Lesen böse auf, dass Hosea bezüglich meiner Art und Weise, sein Vater zu sein, auch sehr schwierige Zeiten hatte. Ich auch. Nichts gestehen, nichts verschweigen und einfach bleiben, du bist der Beschenkte. Das waren meine ersten Gedanken, eine Art Blitzpoetik zur Arbeit am Vater-Thema.

Weihnachten gilt in den Kulturwissenschaften als das Hauptfest der Ambivalenz, geradezu als eine Festung, die über dem Abgrund schwebt. Dieses Fest ist aus mehr oder weniger bedeutungstragenden, irgendwo geklauten Elementen zusammengebastelt, zu denen, wie berichtet wird, nicht nur die Geburt eines Gottessohnes, sondern vor allem auch unzählige Geschichten von Kindsmorden gehören. Und doch: Dieses Fest, diese Erfindung, wenn nicht gar Lüge, erweist sich als haltbar, die Kritik daran ist Hosea und mir immer recht gegenstandslos erschienen. Unser Weihnachten ist eine Behauptung, die stets das Gute schafft, weil sie es will.

Im Unterschied zu der Weihnachtsaffirmation meines Sohnes wurzelt meine allerdings im religiösen Quellgebiet. Wo ich herkomme, ist es äußerst katholisch zugegangen. Die Gefühls- und Gedankenlage meiner Eltern, besonders die meines Vaters, war vom Widerstand gegen die Verweltlichung der Welt beseelt. Das Überwältigende einer religiösen Kindheit sind nicht nur die dabei erlittenen lebenslangen Schädigungen, sondern, wenn man es überlebt, die Erfahrung einer alle Körperregungen und Bestrebungen durchwirkenden Bedeutsamkeit von allem.

Dass Gott, der himmlische Vater, alles sieht, ist natürlich blöd, aber die Tatsache, dass alles mit Gott zu tun hat, jede Geste, jeder Wollfaden, jedes verglimmende Licht, jeder Ton und jede Regung, dass wirklich alles feierlich und großartig und schrecklich werden kann, weil es mit dem Göttlichen zu tun hat, dieser Totalitarismus hat auch erhebendes Potential und der so ergriffene Kinderkörper glüht. Kindsein heißt von Gott Vater wahrgenommen werden.

Weihnachten war die Belohnung für die Jahr für Jahr intensiven Vorbereitungsarbeiten im Advent. Es schmerzte längst einiges vom Beten. Der Rosenkranz ist die Hölle für einen langsam erstarrenden Bubenkörper, nur ein Kügelchen bewegt sich in deiner Hand, und die Gebete dringen in einen und aus einem, die unendlichen. Es dauert alles unerträglich lang, bis Gott-Sohn endlich in der Krippe liegt!

Von der fünfköpfigen oder durch die Großeltern oder auch eine Tante vermehrte Familie wurden sonntags schöne Lieder gesungen. *Maria durch ein Dornwald ging. Kyrie eleison.* Ich stellte mir Marias weiße Haut vor und die Dornen, ein Gespenst zwischen stacheligen Baumstämmen. Während ich in die Lichter der Adventskerze starrte, wartete ich darauf, die Kerzen endlich ausblasen und vielleicht sogar die Fingerkuppe ins heiße Wachs legen zu dürfen, was nicht gern gesehen wurde. Auch die Tatsache, dass man einen Wollfaden in ein kleines Schächtelchen legen konnte, wenn man einen Tag lang brav gewesen war, und diese in der Adventszeit gesammelten Wollfäden dann das Christuskind in der Krippe weicher liegen ließen, war nicht harmlos. Und ich wartete träumend auf die Geschenke, obwohl es natürlich um das größte Geschenk überhaupt ging, die

Menschwerdung Gottes. *Was trug Maria unter ihrem Herzen?* *Kyrie eleison. Ein kleines Kindlein ohne Schmerzen, das trug Maria unter ihrem Herzen.* Das Leben sei das größte aller Gottesgeschenke. Ich hatte keine Wahl und nahm an, dass das stimmte. Bewaffnete Indianer wären mir allerdings lieber gewesen.

Die Krippe meiner Kindheit hatte mein Vater gemeinsam mit meiner Mutter gebastelt. Das Häuschen war mit Rinde gedeckt, im Giebel der Stern mit Schweif und die Heilige Familie aus Sperrholz. Das Kindlein gebettet auf struppigem, von ein paar Wollfäden durchzogenem Stroh. Die Figuren, zu denen noch zwei Hirten und zwei Schafe, Ochs und Esel kamen, habe, der Legende nach, mein Vater gezeichnet und ausgesägt, die Mutter, die nicht zeichnen hätte können, habe sie dann fein ausgemalt. Ich war „zu jener Zeit" ahnungslos, insofern war dieser elterliche Schöpfungsakt ein rarer Bericht über das, was vor meiner Geburt geschehen sein könnte, und das Schema für Überlegungen, was wohl zu meiner Geburt geführt haben mag.

Mein Vater hatte handwerkliches Geschick. Ich erinnere mich an den Puppenkasten für meine zwei Jahre ältere Schwester und daran, dass er ihn, wegen des unvermeidlichen Baulärms spät in der Nacht – dann, wenn alle Kinder schlafen –, zusammengebaut habe, und ich sehe das Matador-Riesenrad noch vor mir, das er, was damals mein Hauptgeschenk war, zusammengebaut hatte. Deswegen die Blasen auf den Fingern, die er uns Kindern zeigte.

Wenn mein Vater nach den ersten im Halbkreis gesungenen Liedern neben den strahlenden Christbaum trat und ich den Kopf möglichst gerade hielt, um ja zu ihm zu schauen, waren meine Augen durch den Anblick der Krippe nicht zu beruhigen, sondern eilten vorwärts zu den Geschenken. Ich verglich die Höhe der drei Kinderberge, suchte die Umrisse meiner Wünsche und hoffte, dass ich den höchsten Berg besitzen würde. Währenddessen breiteten sich die Sätze des Weihnachtsevangeliums nach Lukas im bestens dafür vorbereiteten Kinderkörper widerstandslos aus.

Es bleiben wichtige Sätze, gerade in der Art, wie mein Vater sie gelesen hat, niemals gefühlsduselig, auch nicht schön und getragen, sondern wie der Notar, der er war und sein wollte. Er verkündete die frohe Botschaft wie einen Vertrag: *Es begab sich aber zu der Zeit ... da machte sich auch Josef aus Galiläa ... und sie gebar ihren ersten Sohn und wickelte ihn in Windeln und legte ihn in eine Krippe ...* Wirklich groß wurde das Evangelium für mich mit den Hirten: *In jener Gegend lagerten sie auf freiem Feld und hielten Nachtwache bei ihrer Herde. Da trat der Engel des Herrn zu ihnen, und der Glanz des Herrn umstrahlte sie. Sie fürchteten sich sehr, der Engel aber sagte zu ihnen: Fürchtet euch nicht, denn ich verkünde euch eine große Freude ...* Mein aufrichtig gläubiger Vater las nicht gerne, aber diese Nachricht wollte er verlesen, manchmal hielt er die Bibel wegen seiner Sehschwäche und des flackernden Kerzenlichts etwas weiter von sich weg. Näher bin ich meinem Vater kaum gekommen. Ich höre seine Stimme, wenn der Engel spricht: *Fürchtet euch nicht.*

Die Weihnachtsgeschichte lässt nichts zu wünschen übrig. Sie hat das Zeug in sich, die sesshafte, patriarchale, zentraleuropäische Kernfamilie in Unruhe zu versetzen. Da werden Kinder gemordet, die Heilige Familie, in der der Vater kein Zeugender ist, muss fliehen, und die Flucht scheint planlos, wie ein großes Umherirren.

Wenn ich diese Geschichte hörte, war ich im Grunde viele, war zuerst die lagernden, dann aufspringenden Hirten, gerne auch der Esel mit meinem vier Jahre jüngeren Bruder am Rücken, war der Engel, mit weit ausgebreiteten Armen vom Himmel herabschwebend, und irgendwie wohl auch Josef, obwohl ich nicht mochte, wie er im Eck steht. In der ersten von meinem Vater ausgesägten Version hat er eine Laterne in der Hand. Wenn alle Menschen Gotteskinder sind, dann öffnen sich Spielräume. Und was wäre die Rolle meines Vaters darin?

Ich selbst war im wirklichen Leben Maria. Sie war neben dem Verkehrskasperl die zweite Hauptrolle, die ich in meiner Volksschulzeit vor Publikum spielen konnte. Ich bekam sie, weil ich in der reinen Bubenklasse immerhin, wie der Lehrer meinte, mädchenhafte Züge hätte. Das fand ich gut, Josef hatte praktisch keinen Text, Maria ziemlich viel. Während der Probenzeit – also zugleich der Adventszeit – hatte ich einmal behauptet, dass ich schon eine Stunde vor Unterrichtsbeginn bei meinem Lehrer sein müsse, um dort Marias Kostüm abzuholen. Mit dem Mitschüler, der den Josef spielte, wartete ich im Dunkeln unter dem beleuchteten Badezimmerfenster, wo sich die Frau des Lehrers auszog, wusch und anzog. Zumindest erzählten wir uns das, wir waren uns trotz des Milchglases sehr sicher. Es war eine der schönsten Weihnachtserfindungen und ein großes Geheimnis.

In den ersten Tagen, nachdem ich Hoseas Geschenk angenommen hatte, stiegen solche Erinnerungen auf und ich las das Lukasevangelium nach vielen Jahren wieder. Diese Vatergeschichte ist schon sehr seltsam. Ich las erstmals in meinem Leben ein apostolisches Schreiben, das vom 8. Dezember 2020. Unter dem Titel *Patris Corde* verleiht der Heilige Vater dem heiligen Josef und dessen Vaterschaft Gewicht und Würde. Selten war das Gefälle zwischen Vater und Sohn herausfordernder: Ziehvater eines Gottes und Volkserlösers zu werden, das kann und mag nicht jeder. Aber bei dieser Frage halten sich die päpstlichen Gedanken nicht auf, sondern sie verallgemeinern die Problematik väterlicher Verantwortung ins alltäglich Menschliche und entziehen ihr die biologische Grundlage mittels des allgemein Göttlichen:

Als Vater wird man nicht geboren, Vater wird man. Und man wird zum Vater nicht einfach dadurch, dass man ein Kind in die Welt setzt, sondern dadurch, dass man sich verantwortungsvoll um es kümmert. Jedes Mal, wenn jemand die Verantwortung für das Leben eines anderen übernimmt, übt er ihm gegenüber in einem gewissem Sinne Vaterschaft aus. (...) Jedes Kind trägt ein Geheimnis in sich, etwas noch nie Dagewesenes, das nur mit Hilfe eines Vaters zur Entfaltung gebracht werden kann, der seine Freiheit respektiert;

eines Vaters, der sich bewusst ist, dass sein erzieherisches Handeln erst dann zum Ziel kommt und dass er erst dann sein Vatersein ganz lebt, wenn er sich „nutzlos" gemacht hat, wenn er sieht, dass das Kind selbständig wird und allein auf den Pfaden des Lebens geht, wenn er sich in die Situation Josefs versetzt, der immer gewusst hat, dass das Kind nicht seines war, sondern einfach seiner Obhut anvertraut worden war.

Ein anerkennenswertes und wie es scheint selbstloses Programm, allein mir fehlt der Glaube. Ich misstraue Josefs Bescheidenheit, seinem Willen, von einem geheimnisvollen Kind überwunden zu werden. Mit traumwandlerischer Sicherheit findet er den ultimativen Ausweg aus seinem Dilemma: Wenn schon nicht Josef der Vater von Marias Kind ist, dann kann es unmöglich irgendein anderer gewesen sein, sondern nur der größtmögliche Kandidat, der ganz große Andere. Darunter macht es der bescheidene Mann nicht: Nur so ist es für ihn erträglich, überwunden zu werden, als Hüter aller und des Gesetzes, nur als Vater, der neben dem Christbaum steht und die Botschaft des Anderen verkündet.

Man müsste Josef ernster nehmen und ihn länger begleiten als die Evangelien, aus denen er sang- und klanglos verschwindet. Raus aus der Krippe! Weihnachten ist schön, aber keine Erlösung, sondern ein Tag.

Geschenke erlösen nicht, sie sind lebendig, relativ und bedingungslos irdisch. Die Papiere und Schnüre werden entsorgt. Früher hatte ich die ausgepackten Gaben vor dem Schlafengehen so aufgebaut, dass ich sie am nächsten Tag in der Früh sofort betrachten konnte. Mit Hoseas Geschenk war das nicht notwendig, denn ich lag die ganze Nacht wach.

Der Name des Vaters

1

Lieber Hosea,

Sätze über den Vater sind mir unangenehm. Aber es tut gut, im Zug zu sitzen und über den Semmering gezogen zu werden. Gegen innere Unruhe hilft äußere Bewegung. Und hinausgeschaut habe ich immer schon gerne. Es schneit schräge Linien, eine zarte Handschrift vor den Bergrücken, den Gräben und Wäldern, die um diese Jahreszeit grau und müde erscheinen. Mit dem Zug von Wien nach Klagenfurt zu fahren und wieder zurück, das bin ich gewohnt. Besuche bei den Eltern, Freunden und Freundinnen, Projekte, Vorlesungen und immer wieder auch Urlaube. Ich habe mir ausgerechnet, dass ich in den letzten 30 Jahren diese Strecke so oft gefahren bin, dass ich die Welt zweimal dem Äquator entlang umkreist habe, einmal in die eine Richtung, dann in die andere.

Mithilfe der vorbeiziehenden Landschaft und dieser etwas idiotischen Berechnung der Größe meiner Welt fällt es mir leichter, in Fahrt zu kommen. Nicht ich muss anfangen, der Zug ist schon abgefahren. Also habe ich auf diese Fahrt meine ersten Schreibversuche für unser Buch mitgenommen, ein paar Notizen, Exzerpte. Und jetzt? Ich habe herumgekritzelt, geblättert, geschaut, bis der Schaffner gekommen ist, und als wäre das ein Startsignal gewesen, meine Lizenz, hier zu sein, muss ich nun doch einen Satz stehenlassen: Lieber Hosea, das Vater-Thema ist wirklich nicht meines. Durchstreichen kann ich das morgen.

Kennst du das? Oder schreibst du, ohne ins Grübeln zu geraten, etwas zum Vater-Thema auf? Etwas, das du nicht spätestens am nächsten Tag wieder durchstreichen möchtest? Mir kommt vor, du sprichst nachdenklich, aber trotzdem unbelastet darüber, wenn wir uns treffen.

Die folgende Notiz habe ich mehrfach gemacht: Im Prinzip braucht es das Wort Vater nicht. Mir liegt für den Anfang seine Demontage, seine Zerstäubung näher, bis nichts mehr davon da ist, von mir aus auch seine Verleugnung oder Verneinung. Es bezeichnet nichts, von dem ich annehme, dass es existiert. Der Vater existiert nicht. Oder andersherum: Was da vielleicht existiert, ist durch das Wort Vater nicht gut genug bezeichnet. Warum es dann beibehalten? Vielleicht aus Gewohnheit, der Einfachheit halber und um des lieben Friedens willen. Damit *a Rua is*. Der Hauptgrund, warum ich mich darauf einlasse, bist ausschließlich du.

Ich befürchte aber nach unseren ersten Gesprächen immer noch, dass wir uns auf einen Holzweg, in eine lückenlos kartografierte Sackgasse begeben, kaum sprechen wir über ihn oder verneinen ihn oder was auch immer. Ich suche nach einem Ausweg: Was soll man tun, wenn man den Vater nicht bejahen und nicht verwerfen kann? Ich habe lange versucht, einfach nicht dran zu denken und anders zur Sprache zu kommen.

Vater. Ich weiß nicht. Ein Wort, das ich meistens durchgestrichen habe. Von dir wollte ich immer schon bei meinem Vornamen genannt und nicht „Papa" gerufen werden, auch nicht „Vati" und schon gar nicht „Daddy". Ich wollte nicht im Namen des Vaters sein. Die Familie hielt ich für keine allzu gute Antwort auf die Frage, wie man zusammenleben könnte. Und ich weiß nicht, ob man die Figur des Vaters von seiner familiären Funktion und umgekehrt die Idee der Familie vom Vater befreien kann. Das Schema Vater, Mutter und Kind scheint unverzichtbar, um die Entstehung einer Welt – genauer: um die Entstehung von Ordnung – zu erklären. Fehlt einer der Pole, droht angeblich Gefahr, Chaos und jedenfalls Unglück: „Mir hat der Vater gefehlt." – „Mir die Mutter." – „Und ich wünsch mir ein Kind." – Es fehlt immer etwas von der Dreieinigkeit: Von dieser Diagnose lebt man gut, mit ihr aber schlecht und auf Dauer verschuldet.

Die Figur des kinderlosen, streunenden Vaters ist nicht ganz reiz-los, aber ich bin skeptisch. Mein Vater hat manchmal die Ge-schichte von Bruder Klaus angedeutet, von Nikolaus von der Flüe, meinem Namenspatron, der nach einem gesellschaftlich durchaus aktiven Leben im Einvernehmen mit seiner Frau diese und zehn Kinder verlassen hat, um Einsiedler zu werden. Nach längeren Wanderungen saß Klaus bald wieder in der Nähe seiner Familie, allerdings in einer Klause, und hatte Visionen. Er vereinte dann das restliche Leben in sich den Mystiker und Politikberater. Was sich mein Vater bei dieser Namensgebung gedacht hat und ob sie im Einvernehmen mit meiner Mutter entschieden worden ist, darüber wurde nicht gesprochen. Ich nehme an, ihm gefiel die Vorstellung, zugleich ein Heiliger zu werden und irgendwie doch familiär zu bleiben. Und ich glaube mich zu erinnern, dass meine Mutter einmal gesagt hat, dass sie das Einfache, Schmucklose mochten. Klaus, und aus.

Auch wenn mir das Problem der Vereinbarkeit von Frau, Kindern und Ganz-woanders-Sein vertraut erscheint, so finde ich diese Lö-sung doch uninteressant. So als müsste man das Andere, das Heilige, das unverhandelbar Wichtige oder Unberührbare outsourcen. Mir sind die Interviews mit schreibenden Vätern immer unglaublich auf die Nerven gegangen, die fürs Schreiben woandershin gehen mussten, in Klausur. Das reicht kaum weiter als zu befehlen: Kinder, seid still, der Papa schreibt, der Vater denkt.

Nein, dann lieber nicht schreiben. Lieber durch das Nichtschreiben durchmüssen, um einen Ausweg zu finden, wenn nun einmal das Kind da ist, wenn man schon zusammenlebt. Ein anderes Leben mit den Kindern erfinden, mit denen, die man liebt, mit den viel zu vielen, darum geht es. Ob das geht, weiß ich nicht. Wie denn? Selbstverständlich ist mir klar, dass es für ein Kind unangenehm werden kann, wenn der Vater eine Vision hat und sich nicht recht-zeitig zurückgezogen hat.

Das Vater-Thema ist mir unangenehm, aber ich mag das Zusammenleben. Ich mag es, mit Kindern zu leben, mich stört auch nicht, für sie
verantwortlich zu sein, im Gegenteil, ich habe einen Hang zur Monotonie, zur Wiederholung, zur Langeweile. Und zur überraschenden
Wende. Sandspielsachen einräumen, ausräumen, etwas vergessen
und holen, weinen und Taschentuch suchen. Wäsche in den Kasten,
schmutzig machen, waschen und wieder rein. Was sollte daran unin-
teressanter sein als am Sätze schreiben und diese wieder durchstreichen und weiter so. Was dabei wird, ist jedenfalls ein Leben.

Natürlich geht im Zusammenleben auch einiges schief. Die Monotonie droht zu erstarren. Und die Monotonie ist auch etwas, das man
herstellen muss, eine Technik, weil man vom Chaotischen heim-
gesucht worden ist. Ich mag in diesem Zusammenhang die Begriffe
„Halt" und „Haltung", auch „Unterhaltung", immer noch gerne. Ich
habe, wer wüsste das besser als du, jahrelang immer dasselbe getan,
wenn ich nachhause gekommen bin. Serielle Musik des Alltags, um
nicht zusammenzubrechen oder jemanden, der in der Nähe ist, zu
zerbrechen. Aber das ist natürlich nicht alles: Im Seriellen hausen die
Verschiebungen, Veränderungen und Variationen. Der Alltag mit
einem Kind ist ein Leben. War immer schon meines.

Schreibe ich jetzt gerade im Namen deines Vaters und an dich, meinen Sohn? Ich schreibe an dich, an mein Kind, das du einmal warst,
an dich, der du wirst – und ich mag deinen Namen, mit dem ich
dich rufe, auf den hin du antwortest.

Seltsamerweise mag ich den Ausdruck „mein Kind" – lieber
noch „ein Kind" – es drückt für mich allergrößte Nähe aus, auch
Schwierigkeiten, auch Fremdheit, Verletzungen, den ruhigen Atem
beim Einschlafen, das Nachbild, wenn du um die Ecke verschwin-
dest, all das, nicht aber Besitz.

Das war jetzt mehr als eine Notiz. Damit hätte ich gerne weiter-
gemacht, und zur Feier Kaffee getrunken, ohne dass er mir vom
Fensterbrett in den Schoß kippt. Aber im Speisewagen kann ich

vielleicht trinken und aufschreiben, dass ich hier keinesfalls schreiben kann. Die Fenster erscheinen mir größer, oder sitzt man einfach höher, irgendwas passt nicht und mir kommt mein Schreiben wie bloßes Getue vor. Mir sind unsere Zugfahrten von Klagenfurt nach Wien und zurück eingefallen, dein Lachen, dein Weinen, unsere Bücher und Fragen. Ohrenschmerzen wegen der damals noch zu öffnenden Fenster, und Zigarettenqualm. Nein, schreiben kann man hier nicht, aber sich erinnern, Zettel sortieren:

Ein Vater ist aus meiner Perspektive kein Begriff, mit dem man auf eine drängende Frage der Gegenwart antworten, mit dem man ein Problem in den Griff bekäme. Wir werden nicht umhinkommen, darauf zu antworten. Worauf? Meine Frage hat eine konkrete Gestalt: Es ist „mein Kind", es sind „unsere Kinder", oder: die „Nach-uns-Kommenden".

Das kommende, das auf mich zukommende Kind nötigt zur Antwort. Ist der ein Vater, der antwortet? Ich meine den, der sich gezwungen fühlt, nach einer Antwort zu suchen. Das klingt ganz gut und berührt auch mich, weil ich dich sehe, wie du auf mich zuwackelst, später ängstlich oder zornig in meine Richtung gehst. Ich habe es so in etwa in einem Buch übers Vatersein gelesen, aber ich verstehe nicht, warum ich das ausgerechnet in einem Buch übers Vatersein lesen musste und nicht in einem Buch über, ich weiß nicht, das Auftauchen eines Unbekannten, das Zusammenleben.

Der Vater stellt kein Konzept dar, das die Grundstruktur von Frage und Antwort auf den Begriff bringen möchte, sondern es markiert besitzanzeigende Verhältnisse: mein Territorium, in dem ich der Vater bin ... Was heißt hier eigentlich „mein"? Wie kommt diese Besitzanzeige zustande? Vom Zeugungsakt über interessante Modulationen im männlichen Hormonhaushalt während des Zusammenlebens mit einer schwangeren Frau bis hin zur juristischen Anerkennung kann man nicht lückenlos einem Vaterfaden entlang vorwärtsschreiten, als gehöre das schon immer zusammen.

Die Zeugung, die Bilder von Macht und Güte, die Gesetzesfunktion, das alles soll im Begriff „Vater" gut aufgehoben sein? Steht dieses Wort nicht längst vor allem dafür, dass es keinen zwingenden Übergang von der Biologie in die Kultur gibt? Das Private ist ein Experimentierfeld für Brüche und Sprünge in diesem Bereich. Der Zusammenhang etwa zwischen den Aktivitäten einer Samenzelle und einer juristischen Person, die sich „biologischer Vater" nennt, muss geknüpft werden, er ist nicht einfach gegeben. Und einen Zusammenhang gibt es nur, wenn es auch ein Denkmodell gibt, in dem er hergestellt wird.

Etwa das schwedische Modell der Transparenz, dem zufolge „Intimitäten" zu Dingen von allgemeinem Interesse, zu politischen Angelegenheiten werden. In ihm sind auch Zeugnisse des „privaten Lebens" wie Steuererklärungen, amtliche Dokumente und Akten, die Gesichter der frisch Verheirateten oder der Verstorbenen und nicht zuletzt der Name des Vaters öffentliche, also einsehbare Sache. Ein Kind hat demnach in jedem Fall das Recht zu wissen, wer sein Vater ist. Damit ist gemeint, wer sein biologischer Vater ist, weswegen logischerweise auch Samenspenden nicht anonym bleiben. Dass die Biologie nicht Privatangelegenheit ist, wird mit den Rechten des Kindes verknüpft. Kinder sind in Schweden bereits seit den 1970er Jahren als vollgültige Staatsbürger und Staatsbürgerinnen anerkannt. Das hat Konsequenzen. Denn – ich habe diese Information der „Geschichte des privaten Lebens" entnommen – auch eine Frau, die allein für ihr Kind verantwortlich sein möchte, hat nicht das Recht, *ein Kind zur Welt zu bringen, ohne den Namen des Vaters zu nennen*.

Man könnte jetzt sagen, dass man dem Erzeuger, oder wie soll ich sagen, demjenigen, der mit einem Spermium in Verbindung gebracht wird, aus purer Gewohnheit den Namen „Vater" verleiht, aber das stimmt nicht. Warum denkt man denn in jedem Fall zur Insemination einen Inseminator hinzu, der verantwortlich gemacht werden kann? Damit ist nicht nur juristische Verantwortung gemeint, denn warum soll die nicht eine Frau, warum sollen die nicht zwei Frauen allein tragen? Gemeint ist wohl, dass der Inseminator zum verantwortlichen Vater wird, weil das Kind vielleicht Fragen an ihn hat, Ansprüche. Will das Kind seinen Genpool kennenlernen? Ja, warum nicht, manche lassen ihren genetischen Fingerabdruck machen und erfahren auf diese Weise, zu wie viel Prozent sie eigentlich anonyme Fremde sind. Das ist begrüßenswert und politisch vielleicht ein Modell. Aber trifft man im Genpool wirklich auf einen Vater?

Seine Eltern zu kennen ist ein Recht, das höchstens durch das Recht auf Anonymität begrenzt werden kann. Diese Grenze ist keine Linie, sondern wie jede Grenze ein Gebiet, eine Region, durchzogen von Schmerzen und Freuden. Das fordert eine andere Perspektive auf die Gestalt der „Nach-uns-Kommenden": Welche Gestalt können die „Vor-uns-Kommenden" annehmen? Welche Art von Geschichte brauchen die „Nach-uns-Kommenden"? Wie lässt sich der Transfer von Biologie und Recht neu denken, formen und regeln? Muss wirklich von Vaterschaft die Rede sein, solange es noch um Keimzellen geht?

Manchmal stimme ich ein Loblied auf Wikipedia an: Gerade habe ich gelernt, dass Gameten (γαμέτης, *gamétēs*) mit „Ehemann" übersetzt werden. Und unter diesem Stichwort stoße ich auch auf dieses Bild eines Spermiums und einer Eizelle, das für mich von frenetischer, von geradezu David

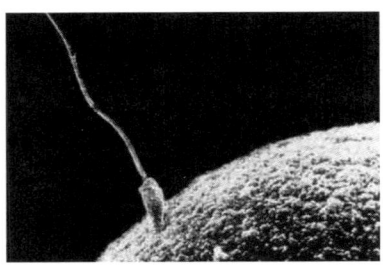

Bowie'scher Einsamkeit ist: *Ground Control to Major Tom / Take your protein pills and put your helmet on ...* Von einem solchen Bild, um nicht zu sagen, von einer solchen Vision, auf einen Vater oder auch nur Vaterschaft zu schließen, scheint mir nur mithilfe äußerst gewagter Glaubensakte möglich zu sein.

Mir fehlt – so hoffe ich – nicht das Verständnis für die explodierende Bewerbungslage für das Rollenfach des Vaters. Jemand, habe ich der *Süddeutschen Zeitung* entnommen, hat vor der Umwandlung zur Frau ein Spermadepot angelegt, das zur künstlichen Befruchtung der Partnerin genutzt worden ist, und möchte sich nun – nach der Geburt eines Sohnes – als Vater ins Geburtsregister eintragen lassen, was übrigens das Oberlandesgericht Köln bejaht hat. Es soll sich jede*r einen juristischen Vater nennen können! Aber auch in diesem Fall irritiert mich das Band, das wie selbstverständlich und über alles Werden und alle Brüche hinweg auf den Namen des Vaters plädiert. Allerdings verändert dieser Gebrauch des Begriffs „Vater" seine Bedeutung massiv und erweitert ihn. Vielleicht wollen wir das ja auch?

Nietzsche hat unter dem entscheidenden Vorsatz *„Die Natur corrigiren"* notiert: *Wenn man keinen guten Vater hat, so soll man sich einen anschaffen.* Ich glaube nur nicht, dass „ein guter Vater" eine Lösung für mein Problem darstellt. Aber was man sich anschaffen soll, davon wird, wenn es nach mir geht, unser Buch handeln.

Ich schaue in verfrorene Gesichter, am Bahnsteig herrscht ein eisiger Wind. Meine Mutter hätte gesagt, die Berge sind heute ganz nah. Aber sie konnte sich nicht aufrichten und aus dem Fenster schauen. Sie lag mit Wasser in den Lungen im Krankenhaus. Wegen der Medikamente war sie sehr schwach und hielt mich für meinen Bruder. Dem Personal sagte sie, ich sei ihr Mann, und vielleicht hat sie mich, am Fußende sitzend, gar nicht so richtig bemerkt. Sie erzählte früher immer wieder von ihrem Vater, dem Geschirrhändler, von der wirtschaftlichen Not und seinen Versuchen, ihr zu entkommen, vom Wiederaufbau des zerbombten Hauses und des Geschäfts nach dem Krieg. Die Großmutter hatte ihm in allem geholfen und sie lachte meiner Erinnerung nach nie. Als erstgeborener männlicher Enkel war ich sein Stolz, und ich durfte im Geschäft kostbares Porzellan – zumindest klangen die Wörter *Suppenterrine* oder *Zwiebelmuster* in meinen Ohren kostbar – eine steile Treppe hinuntertragen, bis ich einmal stürzte und vieles zerbrach. Wenn ich in die Gesichter der

Mitfahrenden schaue, denke ich mir ähnliche Geschichten aus. So erzählt, macht das Vater-Thema auch keine Probleme. Manche können ihren Vater gut beschreiben, weil sie ihn mögen, andere nicht. Was ein Vater ist, scheint in diesen Geschichten ganz klar.

Vielleicht ist es das: Ich möchte meinen Namen behalten, wenn mich mein Kind ruft. Ich möchte darüber nachdenken, was dadurch denkbar oder was dadurch nicht mehr denkbar wird, wenn es nur mehr Erwachsene allerlei Geschlechts gäbe, die für ihre Kinder und einige der anderen Verantwortung tragen. Ich finde den Namen „Eltern" und „Großeltern" hinreichend. Das ist keine Kleinigkeit. In meinen Erinnerungen würde einiges verschoben, wenn ich zu meinen Großvätern auch nur einmal Matthäus oder Hans gesagt hätte, oder zu meinen Eltern Hans und Brigitta. Ich finde, dass die Buben, die am Nachbargrundstück meiner Kindheit als vaterlandslose Gesellen von *ihrem Alten und ihrer Alten* erzählten, im Recht waren.

Jetzt höre ich deinen Einwand: Nur weil man die Angelegenheit anders nennt, ist sie damit nicht aus der Welt. Nur weil man etwas durchstreicht, ist es nicht weg. Jetzt komm doch endlich zur Sache!

Du möchtest, wenn ich dich richtig verstehe, über die Rolle des Vaters in der Demokratie nachdenken. Und ich wollte gerade in den Exzerpten nachschauen, als die Frau vom Zugservice den Papierstapel im Vorbeigehen hinunterwischte, was mir jetzt die Auswahl erleichtert, ich nehme einfach die zwei obersten Blätter:

Am 29. Juli 1959, also in meinem Geburtsjahr und auf zehn Tage genau 30 Jahre nach der Geburt meines Vaters, verkündet die Richterin Erna Scheffler eine Entscheidung des Bundesverfassungsgerichts der Bundesrepublik Deutschland zum „väterlichen Stichentscheid". Mit einem Lächeln, wie berichtet wurde. Es war Schluss mit dem „letzten Wort" des Vaters und die Gleichordnung von Mutter und Vater würde beginnen, der neue Stand der Dinge zu werden. Zwar dienten biologische Unterscheidungen nach wie vor dazu, geschlechtsspezifische Arbeitsteilungen zu legitimieren, aber das Recht auf die Entscheidung lässt sich nicht mehr aus biologischen Unterschieden ableiten.

Am 6. Februar 1996, also 15 Jahre nach deiner Geburt, wird vom US-Kongress im Paragraf 230 des *Communications Decency Act* festgelegt, dass ein Internetanbieter (*provider*) – übrigens im Namen der Meinungsfreiheit – nicht mehr als Herausgeber (*publisher*) für die über ihn verbreiteten Inhalte verantwortlich gemacht werden kann. Damit wurden die Spielregeln von Öffentlichkeit neu geschrieben. Eine ehemals lokalisierbare und haftbare Instanz verdunstet in einer anonymen Plattform, wo Verantwortung war, wird pure Vermittlung, und wo Wissen war, wird begründungsbefreite Meinung.

Wofür auch immer wir einen Vater einmal gehalten haben, ein Entscheider ist er nicht mehr. Er ist nicht der, der Täuschungen entlarvt, denn er ist nicht die Instanz, die den Unterschied zwischen Wahrheit und Lüge kennt. Ich beobachte oder vermute, dass wir in der Ära der Plattformen angekommen sind, in der niemand für den Content verantwortlich sein möchte, für den Inhalt von Kommunikation. Wir sagen unsere Meinungen und berufen uns auf Empfindungen, Gefühle oder sonst was irgendwo Gehörtes. Macht es ernsthaft Sinn, wieder einen Vater an die Plattform zu setzen wie früher an das Kopfende des Tisches, um zu sagen, was Sache ist?

Ich bleibe bei der Gestalt meiner Frage. Was antworten wir einem Kind, wenn es fragt? Teilen wir ihm unsere Meinungen mit? Oder führen wir es ins Labyrinth unserer Ratlosigkeit? Schlagen wir im Lexikon nach? Öffnen wir eine Suchmaschine? Was wählen wir aus? Was müssen und sollen, was können die „Nach-uns-Kommenden" von vor ihnen Geschehenem wissen? Diese Frage würde ich dir gerne stellen: Was soll ein Kind von seinem Vater wissen?

In diesem Zusammenhang fällt mir ein, dass du mich nach dem längeren Spaziergang, bei dem wir erstmals über das Buch gesprochen haben und nachdem wir mehrere Runden lang im Augarten im Kreis gegangen waren, gefragt hast: Findest du eigentlich, dass ich zu wenig lese?

Ich nehme an, dass du Gründe hattest, ein solche Frage zu stellen. Ich habe gelacht und umkreiste ein paar Tage diese Frage, als wäre sie meine zukünftige Mahlzeit. Dabei habe ich aber kaum über die Frage nachgedacht, sondern nach einem Tonfall gesucht, in dem ich überhaupt auf eine solche Frage antworten könnte. Und das vor Publikum. Ich habe es mit Gegenfragen versucht. *Warum glaubst du, dass gerade ich dir darauf eine Antwort geben kann?* Und ich habe dich zu verstehen versucht: *Ich weiß, du fragst danach, ob ich davon ausgehe, dass man die Gedanken der anderen wiederholt haben müsse, um eventuell eigene äußern zu können.* Oder ich habe zu monologisieren begonnen: *Lieber Hosea, das ist eine wirklich gute Frage. Lass es mich vorerst so angehen: Dass du die Frage im Zusammenhang mit unserem Vater-Buch stellst, ist mir unangenehm, aber prüfen wir einmal, wie die Tätigkeit des Lesens überhaupt mit einem Mengenmaß zusammenhängen könnte ...* Mir kamen ernsthafte Zweifel an unserem Vorhaben, denn deine Frage erschien mir wie ein Vaterschaftstest, als würdest du überprüfen, ob ich in der Lage sei, ein Maß anzugeben, das zugleich auch deines sein sollte.

Wonach ich gesucht habe? Nach einem einfachen Satz, mit dem ich dir antworten könnte. Nach einem schlichten Satz, mit dem ich dir zeigen könnte, wie sehr du der bist, dem ich antworten will. Stattdessen erreichen dich also jetzt Versuche, mich auf ein Sprechen über den Vater vorzubereiten, und dann diese zugfahrtlange Antwort. Aber es geht eben dahin, wenn draußen Land und Leute vorbeigezogen werden. So ein Zug ist vielleicht trügerisch. Glaube ich nur, solange ich nicht angekommen bin, dass etwas weitergegangen ist?

Ich schreibe und lese Wörter und Sätze, die man auch weglassen könnte. Das mag ich. Mein kleiner Traum vom Leben und Schreiben: Liebe, Freude, Sorgfalt und Arbeit in die Wahl der Worte zu investieren, in Sätze, Be- und Umschreibungen und Gedanken, die von anderen mitunter wahrgenommen, oft nur überflogen, zumeist aber überblättert oder verworfen werden. Nun ja, was so bescheiden klingt, ist es nicht, es ist zugleich der Versuch, auf unbemerkte Weise das Nichtdenken, Nichtwahrnehmen, das Nebenbei des anderen zu durchqueren. Vielleicht sogar mehr. Vielleicht ist das zugleich meine Vorstellung vom Vater: Es gibt ihn kaum, es gibt Spurenelemente, aber man kann ihn auch überfliegen. Es ginge ohne ihn. Vielleicht habe ich damit schon das Wichtigste gesagt, was ich zum Vater-Thema zu sagen habe.

Aber ich habe deine Frage, was das Lesen betrifft, nicht beantwortet, gleich komm ich an. Gib mir Zeit bis zum nächsten Mal und lass dich umarmen

dein Klaus

2

Lieber Klaus,

ich bin dein Sohn. Zwischen raumhohen Bücherwänden aufzuwach-
sen war nicht meine Entscheidung. Maßgeblich für mein Großwer-
den warst du. Aber, da waren nicht nur Bücher, bei uns daheim.
In deinem schönen Brief, den ich schon in jedem Zimmer der
neuen Wohnung gelesen habe, zitierst du David Bowie. Das hat
mich überrascht. Du kannst sehr gut Witze erzählen, in sämtlichen
Rollen von *Pu der Bär* warst du grandios und auch deinen Kanzler
habe ich in guter Erinnerung. Aber das Spektakel, die Heiterkeit
als Gruppenpraxis, liegt dir ferner als wahrscheinlich alles andere
auf der Welt. Du magst das Kabarett, aber hingegangen bin ich mit
deiner Frau. Meine eigenen Darbietungen hast du von Beginn an
mit geduldigem Interesse begleitet, aber als ich Entertainer werden
wollte, waren deine Sorgen groß. Dein Vorbehalt von damals spielt
bis heute eine Rolle, wenn ich auf der Bühne stehe, auch dein
Kanzler, dein Ferkelchen und dein Pu.

Wir Eltern leben als Eindruck in unseren Kindern fort, gekürzt
und beschmiert. Die digitale Revolution erlaubt Korrekturen und
Aktualisierungen in Echtzeit, der Glaube drängt so das Wissen in
dunkle Nischen zurück, aber löschen kann man in Wirklichkeit gar
nichts. Wenn ich im Folgenden meinen Eindruck von deinem Unbehagen ausführe, dann deshalb, weil ich Licht an eine Stelle bringen
will, die wesentlich für das ist, was ich dem Vater andichten will.

2008 wollte ich dir mit Tickets für das EM-Spiel Österreich gegen
Deutschland eine Freude zu machen. Doch der leidenschaftliche
Vater, mit dem ich, umgeben von Bücherwänden, jedes Länderspiel
durchlitten hatte, versteinerte im Fanblock schlagartig zur lebenden
Skulptur des Unglücks selbst. Hier hat sich dein Körper, ganz anders
als meiner, den Massenbewegungen zu keinem Zeitpunkt angenähert,
schon gar nicht hingegeben. Und durch die Lautsprecheranlage

wurde ja nicht gefragt: „Wollt ihr den totalen Krieg?", sondern: „Wo sind die Fans der österreichischen Nationalmannschaft?" Ich war um die Antwort nicht verlegen, aber du bist sogar sitzengeblieben. Der Kick, den dir im Wohnzimmer die Fernsehübertragung geben durfte, den hast du dir als Teil des tatsächlichen Ereignisses versagt. Im Ernst-Happel-Stadion habe ich mich zum ersten Mal gefragt, ob die wahrhaftige Anspannung, die ich bei uns daheim so oft empfunden habe, im Guten wie im Bösen, jemals das gemeinsame Vibrieren war, für die ich sie zu jedem Zeitpunkt gehalten hatte.

Und heute, hier im neuen Wohnzimmer, zwischen den Umzugskartons, ordne ich meine alte Frage neu ein. Welche Irritationen hemmen dich, am Übergang vom Privaten in die Öffentlichkeit? Denn genau dort steht der Vater, und ich sehe dich.

David Bowie markiert für mich den Höhepunkt des Musicals. Mitgrölen, Mittanzen, gemeinsam weinen, soll ein Kunstwerk zu all dem einladen, es auslösen und wollen? David Bowie hat diese Frage ungemein scharfsinnig und fortschrittlich mit Ja beantwortet. Deswegen hätte ich ihn für unser Buch gerne selbst als Vaterfigur zur Überprüfung vorgeschlagen. Aber keineswegs als eine der deinen, genauso wenig wie Bert Brecht oder Thomas Gottschalk. Als deine kulturellen Väter sehe ich keine überschwänglichen Umarmer, dir schreiten die Abtrünnigen voran, dunkle Gestalten, Tempelstürmer. Vor 25 Jahren waren das Marguerite Duras, Bob Dylan, Gilles Deleuze und so ziemlich alle Fernsehdetektive. In meinen Kinderaugen durchstreifen einsame Aufrührer deine Welt. Bis auf Nick Cave, der mehr Heiliger ist als Rebell. Und jetzt kommt auf einmal Major Tom um die Ecke. Da bin ich platt. Als einsames Spermium schickst du ihn zum wüsten Planeten Eizelle. Ich kann noch nicht ganz glauben, dass du das ernst meinst.

Die Pointe greife ich trotzdem auf, weil ich glaube, dass sie sitzt. In deinem Bilderwitz schickt der Vater den Einsamen ins Ungewisse. Und ich gebe dir recht. Wäre mit dieser Verstoßung die väterliche

Funktion auserzählt, könnten wir getrost auf den Alten verzichten und die Musik lauter drehen. Durch den Vater lebt die Mutter zuallererst mit einem Fremdling. Mehr als diesen Satz bräuchten wir nicht zu sagen, und selbst in ihm wäre der Vater nur ein rätselhaftes Wortspiel. Löst man es aber auf, wird ein weiter Blick frei, auf den Weg des Menschen vom Nomaden hin zur Sesshaftigkeit.

Mein Geschichtsstudium liegt als Trümmerhaufen in irgendeinem Karton mit der Aufschrift „Dachboden". Aber ich weiß noch, dass das Wort Vater nicht vom Lateinischen *pater* kommt, es ist eher umgekehrt. Der Begriff wurzelt in älteren Ausformungen des Indogermanischen. Er bezeichnet unter den vielen Geliebten der Mutter denjenigen, der mit ins Haus „tér" einzieht und fortan bei der Familie bleibt. Der Vater kommt dazu. Von den anwesenden Kindern sind ein paar vielleicht seine leiblichen, aber das ist es nicht, was ihn zum Vater macht. Die Zeugung ist kein väterlicher Akt.

Ein Vater muss nicht zwingend ein Mann sein, das ist nicht die Idee. Vielleicht bilden wir Männer uns das ein, aus Neid darauf, dass vor Redaktionsschluss noch jede Mutter eine Frau sein musste. Aber an seinem sprachlichen Ursprung ist das Wort Vater jedenfalls von der Befruchtung unabhängig.

Als Männer, Frauen und Kinder anfingen, unter einem Dach zu leben, wurden sie zu Einheimischen. Das Wort Vater stammt aus dieser Zeit. Welche zwischenmenschliche Praxis es genau benannt hat, darüber wissen wir wenig. Vielleicht ist es schon für häusliche Gewalt gestanden, bevor die Römer das Wort Vater übernahmen und im Zwölftafelgesetz mit der Figur des *pater familias* einen absoluten Alleinherrscher über Leben und Tod der gesamten Hausgemeinschaft installierten. Es ist der Vorstellungskraft überlassen, ob wir unseren Ahnen aus der Jungsteinzeit mehr Kreativität im Umgang mit Autorität und Verantwortung zutrauen wollen. Weder die Geschichte noch die Biologie ordnet dieses Problem produktiv. Das ist Aufgabe von Kultur.

Mein Vorschlag ist, wir trauen uns, bestärkt durch diesen Ausflug zu den Wurzeln unserer Sprache, eine Annahme zu. Das tatsächlich Entscheidende am Vater ist keineswegs seine Zeugungsfähigkeit, sondern, dass er nicht die Mutter ist und, dass er im Haus bleibt. Dadurch kann er in den Augen des Kindes, sofern sie zur Welt kommen, das Fremde, das Hinzugekommene, das Andere markieren. Darin sehe ich seine schönste und für die Demokratie fruchtbarste Aufgabe. Die Vielgestalt der Grunderfahrung, dass es einen anderen gibt, und wie sie zu organisieren sein könnte, davon wird, wenn es nach mir geht, unser Buch handeln. Das Väterliche spielt nämlich erst dort eine tragende Rolle, wo aus dem Keimling ein Kind werden soll.

I'm stepping through the door
And I'm floating in a most peculiar way
And the stars look very different today

Zu mir gekommen bin ich in der Stadtpfarrkirche von Spittal an der Drau. Wie du weißt, mussten wir Kinder am Vorplatz dem Urgroßvater die Hand geben. Dieses morgendliche Ritual im Halbschatten der Kastanie war als erste Hürde auf dem Weg zum Himbeerwasser nach dem Gottesdienst berüchtigt. Der alte Mann drückte so fest zu, dass ich Minuten später, wenn meine zarten Finger die gusseiserne Türschnalle halb umfassten und der ganze Knabenkörper den Widerstand des hölzernen Portals zu überwinden versuchte, immer noch ein unheilvolles Ziehen um die Knöchelchen spürte. Aber, es half ja nichts. Bebend vor Hingabe erkannte ich, fast schon in Trance, eine so gut wie unsichtbare Hand, die über meinen Kopf hinweg mit angelegt wurde. Schmerzverzerrt trat man hier ein, mit letzter Kraft, den geduldigen Nachdruck der Großmutter arglos der eigenen Tüchtigkeit beimessend.

Zufallen lassen durfte man das Tor aber nicht, sonst wäre unser Zuspätkommen in der überwältigenden Kühle des neugotischen Steingewölbes widergehallt und hätte dem Abklingen der Orgel seine gravierende Wirkung verpfuscht. Still und schnell sollte man seinen Platz einnehmen. Auf die Linien zwischen den schwarzen und weißen Bodenplatten hätte man dabei wahrscheinlich ohne Weiteres treten dürfen, ich unterließ das unter den Augen der historischen (also echten) Heiligenbilder sicherheitshalber, während die Großmutter mich in eine Holzbank zog, nicht zu weit hinten, aber ganz gewiss nicht vorne, im modernen (also unechten) Zubau, wo der Altar stand.

„Im Namen des Vaters", sprach der Priester, einen Fuß auf dem gewellten Rand des roten Kokosläufers – dort würde ich niemals stehen dürfen – „im Namen des Sohnes und des Heiligen Geistes."

Gewundert hab ich mich über die Auslassung der Mütter und Töchter in dieser Formel keineswegs. Weil die Frauen ja allesamt anwesend waren, und sie beteten offensichtlich im Namen ihrer Väter und Söhne, die am Sonntag lieber ausschliefen als in die Kirche gingen, manche waren schon ein Geist. Sogar der Urgroßvater blieb draußen. Wahrscheinlich hat er, anstatt zu beten, lieber das Begräbnis der letzten Kaiserin auf Video angeschaut und dabei mit bloßen Pranken Nüsse geknackt. Er war ein freier Mann. Und wo warst eigentlich du?

Ja, das ist meine Frage.

Bitte, versteh mich nicht falsch. Ich möchte deinen Rückzug aus dem Gesellschaftsleben nicht verteufeln. Ich will nur wissen, was du dir dabei gedacht hast. Weil, dass du dir bei der Abkehr etwas gedacht hast, da bin ich sicher. Und ich vermute, dass deine Gedanken dabei helfen könnten, die Welt, die auf uns alle zukommt, schöner zu machen. Als Vater bist du nämlich immer zur Verfügung gestanden. Sonst hätte ich dich nicht in die Verlegenheit gebracht, dieses Buch mit mir zu schreiben. Ich weiß, du bist politisch, sozial und der Glaube spielt eine wichtige Rolle für dein Leben. Aber du bist in keiner Partei, in keinem Verein und gehst nicht in die Kirche. Ich will wissen, wo du stattdessen bist. Weil, auf Facebook bist du auch nicht.

Ich bin der Sohn eines alleinerziehenden Vaters. Aber meine frühen Erfahrungen von Gesellschaft kommen fast ohne Männer aus. Wir Kinder der 1980er wurden von Frauen unterrichtet, gefüttert und bestraft. Sie haben sich um uns gekümmert. Den ersten Lehrer habe ich im Gymnasium gesehen. Davor habe ich in der Öffentlichkeit von Männern nur Gastauftritte erlebt. Sie kamen als rätselhaft Verkleidete in hervorgehobener Stellung. Der Nikolaus fuchtelte mit seinem Sack, der Zahnarzt klapperte mit seinem Holzgebiss, aber beide waren nur zu Besuch im Kindergarten und sogar der Priester klingelte, bevor er das Haus Gottes betrat. In den blankpolierten Kirchenbänken erwarteten ihn die versammelten Frauen von Spittal an der Drau, die Bäuerinnen, die Bürgersfrauen, die Arbeiterinnen, die Alten, die Jungen. Alle waren sie längst da.

Nur meine Oma und ich, wir kamen, wie immer, zu spät. Endlich auf ihrem, und dadurch unserem, Stammplatz angekommen, mit freier Sicht auf den Altar und unverstelltem Orgelsound, nahe genug an Verwandtschaft und Seitenausgang, obwohl der epileptische Großvater ohnehin, wie immer, daheim geblieben war, genau hier, ich darf deine schöne Beschreibung übernehmen, an der von Schmerzen und Freuden durchzogenen Grenze zwischen Geschichte (also Echtem) und Gegenwart (also Unechtem), zog die Großmutter aus ihrer Handtasche ein Stofftaschentuch mit den Initialen ihres abwesenden Mannes darauf, sammelte mit spitzem Mund ihren Speichel und spuckte hinein. Schmutz in meinem Gesicht, wollte sie behaupten, als Rechtfertigung für unsere Verspätung. Eine Wischbewegung über meine Wange deutete sie deshalb an. Das war meine Taufe, und nichts anderes. Ich war aufgenommen, unter die anwesenden Frauen, die sich kümmerten. Das verlässlichste Mitglied bin ich nicht, aber austreten würde ich nie. Es hilft ja nichts.

Mein Kinderzimmer war immer in der Wohnung meines Vaters, also bei dir, aber als Österreicher wuchs ich unter Frauen auf, die sich um den Großteil kümmern und dabei besonders oft in Armut geraten.

Als *Altersarmut* wird das dann bezeichnet, als käme das Prekariat der Großmütter ganz natürlich mit den Jahren, wie Falten oder liebenswerte Schrullen. Aber die Armut, von der ich hier sprechen möchte, ist kein Zipperlein. Betroffen davon sind Menschen, die ein Leben lang notwendige, aber trotzdem unbezahlte Arbeit leisten. Was exklusive Kreise als sozialen Frieden erleben, wird überall in Europa hauptsächlich auf Kosten von Frauen gesichert. Und in Österreich ist das Bild besonders eindeutig. Hier bei uns ist unübersehbar, wer auf Teilzeit reduziert, wer putzt und erklärt und kocht und pflegt und tröstet und geduldig bleibt, und wer den Nikolaus spielen darf. Mein Leben ist dieser Erfahrung von Gemeinschaft geweiht. Du, mein lieber Klaus, warst in meinen Kinderaugen die große Ausnahme. Du bist ein Mann, der sich kümmert. Warum konntest du damit nicht stolzer umgehen? Was hat dich zurückgehalten?

In deinem Brief beschreibst du, wie Internetanbieter von der Politik aus der Verantwortung für die Inhalte entlassen sind, die über Plattformen wie Facebook verbreitet werden. Und dieses Providerprivileg ist zweifellos ein Wendepunkt in der Geschichte der demokratischen Öffentlichkeit. Aber, ich war in den 1990ern ein Jugendlicher und ich behaupte, die Männer hatten damals längst alle Verantwortung abgegeben. Sie hatten Verwahrlosung mit Freiheit verwechselt. So hatten die 68er das nicht gemeint. Gezeugt und geliebt wurde nach wie vor, aber das Haus war den neuen Glücksrittern egal. Man verwirklichte sich selbst und niemand anderen. Der Begriff „Vater" verlor an Bedeutung. Und ich halte das für einen Verlust. Ich möchte versuchen zu argumentieren, warum.

Mein Freund Flo hat mir zum ersten Mal von Facebook erzählt. Während ich noch fasziniert von der Geschwindigkeit war, mit der das Internet die Nachrichten über die Anschläge auf das World Trade Center schneller als die Fernsehnachrichten verbreitet hatte, beobachtete Flo bereits, wie sich auf den Eliteuniversitäten der USA Online-Kennenlernhilfen etablierten, für männliche Studierende, die sich dem Druck des Sozialen nicht mehr gewachsen fühlten. Das würde groß werden, da war er sich sicher. Und ich verstehe erst im Nachhinein, warum. Auf so eine Eliteuni gehen die allermeisten nur, um ihr reiches Erbe durch einen Abschluss zu rechtfertigen. Jeder ist seines Glückes Schmied, können sie dann mit Zertifikat behaupten. Aber, wenn das so ist, dann verdient der Erfolglose sein Unglück. Auf diesen Grundton hat die Verknüpfung von Wertschätzung und Erfolg unsere Gesellschaft gestimmt. Anstatt den Fortschritt zu feiern, schämen wir uns unserer Misserfolge. Dieses Gefühl hat seinen beinharten Hintergrund in handfesten Verteilungsfragen. Aber wo das Soziale als Kampfzone etabliert ist, wird auch unter gerechten Umständen ein enormes Defizit an Würde und Ansehen produziert, das durch ständige Belohnungen aufgewogen werden muss. Und das ist keine Erfindung des Internets.

Schon die öffentliche Welt meiner Kindheit war voller Einstiegsdrogen für die ganze Familie. Die Samstagabend-Show, die Leckereien aus dem Supermarkt, der süße Cocktail mit den exotischen Früchten. Viele Erwachsenen waren in den 80ern schon Junkies. Social Media haben nur die Dosis erhöht und den Jugendschutz aufgehoben. Wenn der US-Kongress das Internet aus der Verantwortung entlässt, dann vollzieht er damit auch seine eigene Entwicklung weg von der Rechtsstaatlichkeit. Das ist Demokratie, würde der Flo sagen. Und ich füge hinzu, wenn wir wollen, und ich will, dass Demokratie mehr als ein Ventil sein soll, das die Geschwindigkeit reguliert, in der alles menschliche Vermögen aus der realen Welt in den Finanzsektor abfließt, dann müssen wir dem Sozialen einen ähnlich hohen Stellenwert geben wie der Fachkompetenz. Und dafür kann der Name des Vaters, wenn wir ihn richtig verstehen, nützlich sein.

Alles Heilige ist eine geistige Sackgasse, deshalb richte ich keine ernsten Fragen daran. Aber als öffentliches Ritual und Ausdrucksform von Gemeinschaft berührt und bewegt mich der Glaube zutiefst. Zu glauben bedeutet, etwas anderes als sich selbst für möglich zu halten. Und der Vater ist von allen anderen der Erste. Im Prinzip fehlt er uns von Anfang an. Den Vater gibt es vor allen Dingen als

Abwesenden. Und der Katzensprung zu Gott irritiert mich an diesem Gedanken nicht. Denn ich fürchte weder den Allmächtigen noch meinen Vater.

Und ich sage zu dir, mein lieber Klaus, unser Thema wird man nicht als intellektueller Sittenwächter angehen können, sondern nur als Idiot. Das sage ich mit einiger Zuversicht, denn darin habe ich Erfahrung. Ich glaube, ein Wagnis unseres Buches wird sein, offenkundige Unterschiede zu benennen. Mutter und Vater werden oft sinnlos voneinander unterschieden. Mich reizen Versuche, die Rollenspiele des Lebens freizügig und erleichternd zu inszenieren.

Some people say that it's just rock and roll
Ah, but it gets you right down to your soul

You've got to just keep on pushing
Keep on pushing
Push the sky away

Das singt Nick Cave. Für mich formuliert er mit *push the sky away* eine Alternative zu Bowies draufgängerischem Major Tom. Nach den Sternen greifen wollte ich nie. Astronauten waren für mich Drückeberger. Wie konnte man die Erde verlassen, ohne hier vorher alles zum Guten gewendet zu haben? Noch heute ist mein Interesse an Raumfahrtprojekten von pubertärer Verachtung grundiert. Wie du weißt, habe ich mir das Abheben aber nicht grundsätzlich verkniffen und keinen Absturz erspart. *Break on through to the other side,* auch dieser Aufforderung aus deinem CD-Player bin ich gewissenhaft nachgekommen. Und ich habe Sterne gesehen, das kannst du mir glauben. Zwischen den Funkeleien habe ich Seile gespannt, darauf getanzt und heute hänge ich darin.

Begonnen hat alles mit den Kerzen am Christbaum, den Lichtern der Kleinstadt, der Glut deiner Zigaretten. Jedes Flackern in der Dunkelheit bleibt mir bis zu diesem Tage gleichermaßen Himmelskörper und dadurch Leuchtfeuer des Erstaunlichen und vor allem

Unbekannten. Aber, und das ist wohl mein Knacks, ich will das Fremde weniger entdecken, beobachten oder begreifen, sondern vielmehr in mir möglich machen und damit leben. Jeder Schauspieler streckt die Hand aus nach dem anderen in sich, aber wenn man die Komödie so betreibt, wie ich das versuche, dann genügt der Ansatz nicht, man muss auch springen. Mein Handwerk ist das Darstellen von Mythos und rätselhafter Empfindung, die Verwurstung des Absurden. Zur Kunst wird das vielleicht dann, wenn es einem Komiker gelingt, sich selbst zum Gegenstand seiner Witze zu machen. Distanz ist nicht mein Projekt, sondern Verbindung. Und ich bin überzeugt davon, dass das eine systemrelevante Arbeit ist.

Die Erfahrung, die meinem Beruf zugrunde liegt, ist nichts Besonderes. Jeder Mensch bastelt ein Leben lang an seiner bunt zusammengeflickten Identität. So entstehen schüchterne Hooligans, nassforsche Abstinenzler und selbstsüchtige Krankenschwestern. All das geht sich irgendwie aus, bis irgendeine Extremsituation daherkommt, die Eltern lassen sich scheiden, der geliebte Opa stirbt, eine Krankheit oder dergleichen, und es zerlegt deine verhaltensoriginelle Bastelarbeit wieder in ihre Einzelteile. Die fliegen dann kreuz und quer durch die Gegend und treten so in Kontakt mit anderen, du erlebst Abweisung, Trost und Rat.

Irgendwann sammelst du die Bausteine wieder ein und gehst fortan als kollektives Selbst durch dein Leben. Nichts anderes macht ein Schauspieler. Nichts anderes passiert mit werdenden Eltern. Man wird nicht auf einmal, sondern immer mehr zu einem Teil der Welt. Die Öffentlichkeit bekommt Zugriff. Aber als Vater darfst du deinen Körper behalten. Du hast die Wahl, und die gibst du weiter.

Der Philosoph Byung-Chul Han hat ein treffendes Wort für das erfunden, was ich dem Vater umhängen will. Er beschreibt ein Zurückweichen des Ich, das innere Weite schafft. Und dadurch entsteht kein innerliches Vakuum, sondern Raum und Zeit und Welt für das Fremde. Diesen Vorgang nennt er *Das Abwesen*. Auf diesem Spielfeld möchte ich den Vater sehen. Ich erinnere mich noch genau, wie sich das anfühlt, wenn dein Kind von dir wegwill, weil die Mutter endlich da ist. Du wickelst, fütterst und schmust, aber du bleibst dabei immer der andere. Diese Rolle mit Liebe zu erfüllen, und nicht mit Angst, Eifersucht oder Unzulänglichkeit, das halte ich für die wesentliche Aufgabe des Vaters. Er gibt dem Kind eine Ahnung von Öffentlichkeit.

Demokratie ist nicht die Wahrheit, sie ist eine Möglichkeit. Als ihren Kern sehe ich ein Selbstbewusstsein, in dem erst das Eigene und das Fremde zusammen das Ganze ergeben. Oft genug wurde versucht, das eine vom anderen zu trennen. Das ist nur mit Gewalt möglich, und die lässt sich nur mit Stumpfsinn wie Rasse oder Volk argumentieren. Aber auch ein friedfertiger Umgang mit der Vielgestalt jeder Gemeinschaft ist nichts Natürliches, sondern eine Kulturleistung. Und ich glaube, dass wir nicht am Höhepunkt ihrer Ausprägung stehen, sondern erst am Anfang. Der demokratische Vater ist noch nicht patentiert, er wird gerade erst entwickelt.

Sicher ist bisher nur, dass es allein nicht zu machen sein wird. Bücher sollte man überhaupt nur mehr zu zweit schreiben.

Worum geht es, wenn es nach uns geht?

Und David Bowie singt:

As long as you're still smiling
There's nothing more I need
I absolutely love you

But we're absolute beginners
But if my love is your love
We're certain to succeed

h

Das Spiel

Die Regeln

Jeder darf dem anderen sieben Fragen stellen

Die Antwort darf höchstens und soll möglichst genau
500 Wörter umfassen

Zu jeder Frage muss eine Zusatzregel aufgestellt werden

Die Zusatzregel gilt nur für diese eine Frage

Jeder Spieler darf eine Frage streichen

Der Ältere beginnt

Klaus, Frage 1 an Hosea:

„Wie würdest du auf der Bühne einen Vater spielen?"

Zusatzregel: Kleidung muss vorkommen

Hosea antwortet:

Ich stelle mir ein Buffet vor, mit Früchten, Aufschnitt, Müsli. Und da steht er schon, der Vater, den ich spielen will, und nimmt sich Hagebutten-Marmelade. Er ist gekleidet wie für eine aufregende Nacht vor zwei Jahren, das gepunktete Hemd passt zur Erinnerung, das Bauchfett war damals noch nicht dabei. Wir treffen den Vater unterwegs, beim ersten Brunch seit der Geburt. Die Muskelgruppen für öffentliche Gesten sind steif, den Eigenheiten des Raumes drängt er unwillkürlich Geschwindigkeiten und Routinen seines Alltags auf. Entsprechend unelastisch nähert sich unser Vater dem Rührei.

Wie ein zu schnell gewachsenes Kind stößt er an, verschiebt, bringt ins Wanken, fängt aber auf und platziert übergroße Pfeffermühlen neu. Fast wäre etwas passiert. Zum Glück ist nichts passiert. Er ist müde, so müde wie noch nie. Der Vater grinst, statt zu grüßen, spricht zu leise, dann zu laut, verstummt, sein Gesicht wird ein Rätsel. Die alte Geschmeidigkeit will sich dem Körper nicht aufdrängen lassen, das irritiert ihn, er schwindelt sogar leicht, lehnt sich an die Theke, lässt sich aber nicht sacken, sondern findet neues Gleichgewicht und darin unerwarteten Trost. Er bemerkt den Glanz der abgerundeten Tischkante, streicht über den Lack, gruppiert Zeige- und Mittelfinger zu einem Paar und bearbeitet damit eine abgesplitterte Stelle. Jetzt ist der Vater angekommen.

Zur Belustigung verstellt er seine Stimme, kann das nicht gut, tut es aber inbrünstig und ist sich dabei großer Wirkung gewiss. Das Kind daheim lacht immer sehr, wenn er die Stimme verstellt, aber die Freunde bewundern nur sein Rührei mit Hagebutten-Marmelade. Er spürt Scham und Zorn, schimpft auf die Regierung und kennt den Namen des Verkehrsministers nicht. Als Mann ist er von Kindheit an daran gewöhnt, Respekt anzunehmen. Und jetzt, an diesem Sonntagvormittag, wird er sich dieses Privilegs bewusst. Wenn er spricht, spricht neuerdings ein Vater. Was das bedeutet, das will er herausfinden.

Er steht auf, geht hinaus auf die Straße und weiß nichts. Alles ist ihm zugefallen. Die Stadt, alle Würde und das Kind. Nichts in aller Welt hat er gegründet oder verhindert. Erklären kann er wenig, bauen nur nach Plan. Wofür respektiert man ihn? Und will er diesen Respekt überhaupt? Das Einatmen fällt ihm leichter als das Ausatmen, die rechte Schulter ist verspannt, vom Tragetuch, wie er den Freunden versichert hat, vom mobilen Internet, wie er weiß. Der Vater zieht das Smartphone aus der Hosentasche und fotografiert sich selbst zum ersten Mal seit der Geburt ohne Kind. Er sieht Sehnsucht und schickt das Bild seiner Frau. Die bemerkt einen Batzen Hagebutten-Marmelade im Punktmuster seines Hemdes und fragt: „Was ist dir passiert?"

Da versteht der Vater, es gibt etwas zu erzählen. Gelassen betritt er die Bühne. Das Licht geht an.

Hosea, Frage 1 an Klaus:
„Wie war das, 1987 in Klagenfurt ein alleinerziehender Vater zu sein?"

Zusatzregel: Zitiere eine lebende Sängerin

Klaus antwortet:

Es wird in diesem Jahr oder etwas früher gewesen sein, dass ich von ihm gehört habe.

Man erzählte sich, dass es in Klagenfurt einen gebe, einen tatsächlich alleinerziehenden Mann mittleren Alters. Es handelte sich, Gerüchten zufolge, um einen Fabrikarbeiter, dessen Frau ihn wegen eines seiner Arbeitskollegen verlassen habe und der nun mit seinen drei Kindern – ich gehe noch heute davon aus, dass es drei Mädchen waren – in einem der oberen Stockwerke eines Wohnblocks im Süden Klagenfurts, also in ziemlich schlechter Lage lebte. Ich weiß nicht mehr, wer zuerst von diesem Mann erzählte, der eben kein unglücklicher Witwer, sondern lediglich ein Betrogener war, und der deswegen nicht nur den Hohn und eventuell etwas Mitleid der Kollegenschaft, die Blicke im Stiegenhaus erntete, sondern der auch ab nun alles, wie berichtet wurde, wirklich alles ganz allein machte. Ein Mann, der bügelte, die Wäsche wusch, der kochte und weiterhin in der Fabrik arbeitete und kein Wochenende mehr kannte. Mir scheint, dass im Umkreis des gerade gegründeten offenen Frauenkommunikations- bzw. Frauenkulturzentrums *Belladonna* erstmals über ihn gesprochen worden sein könnte. Gespräche, bei denen ich hin und wieder mithörte.

Der Mann steht in der Nacht am Balkon und schaut in Richtung Karawanken. Noch eine letzte Zigarette glüht auf. Manchmal schläft er neben der jüngsten Tochter ein und alles bleibt bis zum nächsten Tag liegen. Damals hörten viele in meiner Umgebung, was wahrscheinlich auch die älteste Tochter dieses einzigen in Klagenfurt lebenden Alleinerziehers auch beim Einschlafen hörte:

Papa don't preach
I've been losing sleep
But I made up my mind
I'm keeping my baby, mmm
I'm gonna keep my baby, mmm

Schon damals, wenn wieder einmal gefragt wurde, wie es mir denn so gehe – so allein und mit dir –, habe ich von ihm erzählt, dass ich mir nichts davon vorstellen könne.

Wenn ich mit dir vormittags im Bus Richtung Universität saß, sagte fast immer eine der älteren Frauen in meine Richtung, wie nett dieser Papa sei. Das hatten auch schon die jüngeren Frauen gesagt, als ich mit dir, weil deine Mutter endlich wieder eine Lehrveranstaltung besuchen konnte, bei der Mutter-Kind-Untersuchung war. Und als deine Mutter dann weg war, zog ich mit dir und zwei Frauen, dann einem Paar und einer Frau in eine Wohngemeinschaft. Bald gab es einen Kreis von sich unterstützenden Alleinerziehenden, alles Frauen außer mir. Dann wieder fuhr eine Alleinerzieherin mit ihrem Sohn, mit dir und einer Frau aus der WG bis nach England.

Ich war nie allein. Mich hat niemand verhöhnt, weil die Frau weg war. Mit dem Mitleid muss man leben. In dem Milieu, in dem wir damals verkehrten, war ich mit dir ein akzeptierter Mann auf der Insel der Frauen.

Natürlich hat man Schmerzen, die man nicht zu ertragen meint, und bereitet anderen Schmerzen, die sie auch kaum ertragen.

Die Nächte tun weh, die Nacht in der Nacht. Aber der Mann auf dem Balkon war unendlich weit weg. Ich hatte den Mut nicht, ihn aufzusuchen. Hätte ich ihn gehabt, hätte ich mehr darüber erzählen können, was du fragst.

Klaus, Frage 2 an Hosea:

„Was soll, kann dein Kind von dir wissen?"

Zusatzregel: Einmal soll der Ausdruck rot werden vorkommen, einmal sich grün und blau ärgern

Hosea antwortet:

Als meine Tochter zwei Jahre alt war, hat sie bemerkt, dass es mich unglaublich nervt, wenn man mir ins Gesicht schlägt. Da steigt Wut auf, ich bin gekränkt und sprachlos. Gleichzeitig wollte ich der liebe Papi bleiben. Also habe ich mich bemüht, freundlich und kontrolliert zu reagieren. Folgerichtig hat sie noch ein bisserl öfter, vor allem aber fester zugeschlagen. Meine Tochter war auf der Suche nach mir. Sie hatte bemerkt, dass da etwas war, was ich ihr nicht zeigen wollte. Schließlich habe ich Offenheit gewagt, und sie hat aufgehört. Sie war zu mir durchgedrungen. Und da wollte sie hin.

Du, mein Vater, bist unheimlich brutal und autoritär erzogen worden. Und auch meine Mutter hat als Kind beängstigend viel Gewalt erlebt. Geliebte Menschen tun einem manchmal absichtlich weh. Das wissen meine Eltern immer schon. Und ich weiß das auch. Schrecklich informiert blicken wir auf die Geschichte, auf eine Landschaft oder in ein Gesicht. Wenn ich jemand sein will, der sich nicht vor der Welt versteckt, dann muss ich das Dogma der Gewalt zu Erfahrungen abrüsten. Vom Erklären zum Erzählen führt mein Weg zu den anderen und dort finde ich Trost. Das ist nicht nur eine Lebensaufgabe, von der Gewalt löst man sich über Generationen. Dein Elternhaus, und auch das meiner Mutter, waren auf den Ausläufern einer Ideologie der Erbarmungslosigkeit gebaut. Mein Kinderglück hat ein freundlicheres Gesicht. Ich wurde getröstet, man hat mir etwas gegönnt und manchmal umarmen wir einander sogar. Meine Mutter und du, ihr könnt euch ausdrücken, und ihr tut das auch. Ihr wisst, ihr seid die richtigen Gegenüber für meine Verletzungen und meine Wut. Und ihr versucht, so gut ihr könnt, euch dieser, unserer Gemeinsamkeit nicht zu entziehen. Auch durch diesen, euren riesigen Schritt, kommt von der Gewalt, die wohl vor Jahrhunderten irgendwo zwischen Südtirol und Brandenburg entsprungen ist, kaum noch etwas bei meiner Tochter, deiner Enkelin, an. Und ich weiß, dass dich das freut.

Wenn jemand behauptet, er habe sich grün und blau geärgert, dann fragt mein Kind, ob das wirklich geht. Und dann sprechen wir darüber, dass sich so ein Körper selten von selbst verfärbt. Man braucht Sonnencreme, sonst wird man rot, und ohne Zahnbürste werden die Zähne gelb. Aber nicht, weil man ein schlechter Mensch ist, sondern weil es die Sonne gibt und Bakterien. Du schreibst, Grenzen seien ein Gebiet, durchzogen von Schmerzen und Freuden. Das gilt auch für die Grenzen unserer Möglichkeiten. Ich wünsche meiner Tochter Beweglichkeit in der Wahl der Menschen und auch der Umstände, mit denen sie bereit ist zu leben. Ich will, dass sie keine Angst davor haben muss, sich zu behaupten, und auch nicht vor der Widerrede, die dann naturgemäß folgt. Ich weiß, sie wird sich um ein Leben in Demokratie bemühen müssen. Weil ich sie liebe, will ich sie in diesem Bemühen begleiten, als möglichst leicht Durchschaubarer. Sie soll sich auskennen. Weil das Glück ja nicht nur ein Vogerl ist, sondern auch die Pranke der Herkunft auf unserer Schulter. Und was wir fürchten müssen, ähnelt dem, was wir lieben können.

Hosea, Frage 2 an Klaus:

„Welche Sorgen machst du dir um deine Kinder?"

Zusatzregel: Antworte in einem Satz

Klaus antwortet:

Lange Zeit war meine Sorge um dich von einer Angst geprägt, die einerseits von meiner Mutter kommend auf mich übergesprungen sein könnte, die aus Furcht vor möglichen Abstürzen ihrer Kinder am liebsten alle Fenster vergittert gesehen hätte, und die sich andererseits vielleicht aus einer heftigen Abscheu vor der Unfähigkeit meines Vaters speiste, mit Bällen zu spielen, sie zu werfen, geschweige denn zu fangen, was mich dazu brachte, stundenlang Bälle gegen eine Wand zu schießen, wobei der Ball immer im Spiel bleiben musste, eine Angst, die mich nach unserer Übersiedlung nach Wien im Grunde jeden einzelnen Tag, an dem ich später als du von der Schule nachhause kam, packte, weil du dich zu weit über das Fensterbrett beugen oder schon mit den Füßen auf dem schmalen und abschüssigen Vordach am Fensterbrett sitzen könntest und ich deinen Absturz gerade noch verhindern oder eben nicht mehr verhindern könnte, weil Polizei und Rettung schon mit Blaulicht angekommen waren, dass ich also jeden einzelnen Tag in mir deinen Absturz, manchmal auch den Aufprall, den Riss durch alles spürte, was mich wiederum ständig die Urszene unserer speziellen Vater-Sohn-Werdung, ich meine den Beginn unseres Zu-zweit-Seins (im Unterschied zum vorherigen Zu-dritt-Sein) wiederholen ließ, der zufolge wir am Fenster stehen und ich dich hochhalte, deine Hand nehme, um fröhlich mit ihr deiner in einem Kleinlieferwagen Richtung Wien abfahrenden Mutter nachzuwinken, während ich dich haltend in diesem Moment und für längere Zeit jeden Halt verlor, was du spüren musstest und was meine Sorge befeuerte, dass du einfach aus dem Fenster, dem Rahmen, dem Hiersein fallen könntest, nicht mit einem Satz oder Sprung aus dem Fenster – das war lange Zeit meine mich selbst betreffende Vorstellung –, sondern weil da auf einmal alles weg sein könnte, was dich hält, der Rahmen, der Boden, die Wärme der Haut, und dass du über den Asphalt kollern könntest wie ein nie gefangener Ball, dass du und ich ins Leere greifen müssten, wie mein ungeschickter Vater, nachdem also lange Zeit meine Sorgen um dich davon geprägt waren, als Haltloser oder jedenfalls zu Ungehaltener zu wenig Halt geben zu können, und ich erst nach und nach mit wachsender Freude bemerke, wie sich hält, was du machst, und ich während deiner Bühnenauftritte vor Freude und sehr berührt den Halt verliere und zugleich spüre, wie deine Sätze in der Luft bleiben, mit denen du spielst, wie sie sich wechselseitig halten, was für dich, deinen Körper, dein Leben wohl noch viel schwieriger ist, was meine Sorge um dich bleiben wird, haben sich meine Sorgen um deine kleine Halbschwester mit schwindender Angst, dafür mit Traurigkeit verknüpft, die mich heimsucht, wenn ich ihr, etwa zu Beginn der Pandemie-Zeit, zuschaue, wie sie in einiger Entfernung von meinem Schreibtisch ihre Volksschularbeiten erledigt, ruhig, konsequent, und vielleicht schon zu vernünftig aus dem Fenster schaut, dann wieder auf ihr Blatt, dann sich ärgert, weil ich ein heimliches Foto von ihr mache, für sie, die in einer Welt leben wird, in der ich nicht mehr mit ihr sein werde können.

Klaus, Frage 3 an Hosea:

„Müssen Väter gute Menschen sein?"

Zusatzregel: Es muss eine Liste vorkommen

Hosea antwortet:

Es ist, als wolltest auch du eine Frage stellen, die nur zurückgewiesen werden kann. Wie soll ich diese Liste bevormundender Wörter ordnen? Hier wird gemusst und gevatert, da lauert das Gute und bevor man sein darf, menschelt es auch noch. Die Finger vibrieren über den Tasten und ich halte mit Mühe einen Schwall naseweiser Renitenz zurück. Aber, ich will trotzdem versuchen, liebevoll und unbescheiden zu antworten.

1 Menschen. – Der Mensch, für den ich hier sprechen kann, geht vom Scheitern aus. Seine Existenz ist eine Katastrophe. Alles läuft schief. Und in klaren Momenten lacht er darüber, herzlich und leicht. Was ihm blüht, ist keine dunkle Ahnung, er weiß es genau. Mein Mensch kennt seine Plätzchen in der Natur. Er sieht Sinn in der Spurlosigkeit und geht, ohne Ziel, einfach los. Klein und wendig sind seine Schritte, der Gang der Welt aber ist breit, jeder Überblick aussichtslos. Wahre Schönheit bleibt für sein Auge unfassbar. *Wieder versuchen, wieder scheitern, besser scheitern.* Mein Mensch zitiert sich selbst herbei. Seine Geschichte entsteht beim Schreiben, das Leben bleibt dabei ewig unerzählt. Was gibt es Schöneres?

2 Gute. – Das Gute ist, dass wir Rücksicht nehmen können. Doch im Besseren hat das Gute einen mächtigen Feind. Als der Arzt Semmelweis vor knapp 200 Jahren seine Wiener Kollegen belehrte, sie sollten ihre Hände waschen, um frisch entbundene Mütter vor Infektionen zu schützen, wurde er als Nestbeschmutzer beschimpft, für geisteskrank erklärt und in der *Landesirrenanstalt Döbling* totgeprügelt. Die Vorzüge des Händewaschens sind mittlerweile weltweit anerkannt, aber das Selbstverständliche muss sich bis heute gegen die Selbstüberhebung behaupten. Das Verständnis für die Notwendigkeit dieser Anstrengung ist eine demokratische Grundkompetenz. An jeder Schule sollte sie Gegenstand sein, im Zusammenspiel von Ethik, Rechtskunde und Medienbildung. Weil, Übung macht das Gute.

3 Väter. – Väter sind sicher für irgendetwas gut. Und sei es nur für eine Gründung. Thomas Jefferson beschreibt in der Unabhängigkeitserklärung der Vereinigten Staaten erstmals offiziell Menschenrechte als *heilige und unbestreitbare* Wahrheit. Benjamin Franklin hat diese weihevolle Einordnung gestrichen und seither steht dort, es sei *selbstverständlich*, dass alle Menschen gleich an Rechten geboren würden. Was nach der Geburt kommt, welche Herkunft uns welche Zukunft ermöglicht und ob das alles gut ausgeht, bleibt offen. Durch Franklins zeitgeistige Korrektur bezieht sich die Wahrheit einen Hauch mehr auf die Vernunft und weniger auf eine Obrigkeit. In der Demokratie kann alles bestritten werden, aber es gibt etwas zu verstehen. Wir brauchen keinen Gott, wir haben einander.

4 Müssen. – Müssen gute Menschen Väter sein? Sie müssen, hier in diesem Text und nur solange er andauert, jedenfalls mit anderen zusammenleben, die auf ihre Hilfe angewiesen sind. Und Haustiere zählen nicht. Gute Menschen sind ein zuständiges Gegenüber, sie räumen dem anderen, seinem Denken und Streben, freiwillig und absichtlich Platz ein. Mit dieser Fähigkeit wird man nicht geboren. Dass es das Selbst nicht bedrohen muss, sondern befreien kann, wenn man in sich Raum für den anderen macht, in dieser Lebensauffassung muss dich jemand bestärken. Am Beginn dieser demokratischen Erfahrung sehe ich Männer und Frauen stehen, die sanft und mutig vatern.

5 Sein. – endlich sein.

Hosea, Frage 3 an Klaus:

„Findest du eigentlich, dass ich zu wenig lese?"

Zusatzregel: Schreibe in englischer Sprache

Klaus zieht seinen Joker und streicht diese Frage.

Klaus, Frage 4 an Hosea:

„Magst du, wie deine Freunde Väter sind?"

Zusatzregel: Gehe auf Wetterbedingungen ein

Hosea antwortet:

Der Thomas stellt sich manchmal, an Sonnentagen, mit der Kleinen vor den Badezimmerspiegel, seine Wange berührt ihre, und dann sagen sie gemeinsam: „Ich bin stark." Bei Orhan Pamuk hat er gelesen, dass dieser, wenn er seine Tochter zur Schule gebracht hat, vor dem Eingang stehen bleibt und ihr nachsieht. Falls seine Tochter sich im Gehen nach ihm umdreht, erzählt Pamuk, möchte er mit ihr da sein. *Sobald sie um die Ecke biegt, beginnen neue Welten, zu denen sein Blick nicht reicht.* Jedes Mal, wenn der Thomas mir von dieser väterlichen Geste erzählt, formuliert er so übermütig und vehement, als wäre es die dringlichste Idee aller Zeiten.

Fragt man den Kasi, wie er später einmal mit Spielkonsolen umgehen will, dann erfährt man, dass er urplötzlich eine anschaffen wird, zu keinem besonderen Anlass, es wird kein Geburtstag sein, nicht einmal Ferienbeginn. Er wird die Playstation an irgendeinem Mittwoch heimbringen und dann werden er und seine drei Buben stundenlang damit spielen und nach vier oder fünf Tagen wird das Ding seinen Reiz verloren haben. Es wird kein Geschenk sein, keine Belohnung und kein Regenwetterprogramm. Er will nicht einmal warten, bis sie einen Wunsch nach Videospielen entwickeln. So müsste es funktionieren, sagt der Kasi, dass die Buben nicht süchtig werden. Ratloser ist er in Bezug auf Smartphones. Wenn die Kinder nach der Schule noch Dutzende Kurznachrichten austauschen würden, sorgt sich mein Freund, dann könnten sie ja auch ihre Konflikte schlechter auf sich beruhen lassen. Minimale Streitereien, die wir früher am Schulhof totgeschwiegen hätten, würden sich durch virtuelle Dauerquasselei zu riesigen Dramen auswachsen. Ja, für das Smartphone muss ihm noch etwas Gutes einfallen. Oder vielleicht, meint der Kasi, wird er einfach lernen müssen, seinen drei Buben zu vertrauen.

Ich mag sehr, wie der Filip mit seinem Kinderwunsch umgeht. Seine diesbezüglichen Gedanken kreisen nicht ausschließlich um die Wohnsituation, das Einkommen oder die Beziehung zu seiner Frau. Das beschäftigt ihn alles durchaus, aber mein Freund denkt auch darüber nach, wie ein Kind möglichst unbelastet von den Wünschen seiner Eltern zur Welt kommen kann. Ein Neugeborenes sollte weder Erwartungen erfüllen müssen, noch einer Vorstellung entsprechen oder gar Sinn stiften, der ideale Zeitpunkt für ein Kind, sagt der Filip, ist der zufällige. Aus heiterem Himmel soll es kommen dürfen. Weil, was soll groß schiefgehen, in einer glücklichen Liebe, in stabilen Verhältnissen, in einem reichen Land? Wenn der Marek den Filip so reden hört, verlässt er den Raum. Seine Ex und er leben noch immer in derselben Wohnung, nach der Pandemie hat auch sie ihren Job verloren. Und wer nimmt schon eine 40-jährige Akademikerin? Zum Glück hat er die Vasektomie machen lassen, sagt der Marek.

Die Stieftochter vom Thomas kommt im Herbst in den Kindergarten, beim Kasi ist laut Ultraschall wirklich ein Bub unterwegs und die Wünsche vom Filip entwickeln sich schwankend. Ich weiß nicht, wie viel die Kinder vom Marek schon mitkriegen. Aber insgesamt habe ich den Eindruck, dass meine Freunde das alle ganz gut hinkriegen mit der Vaterei.

Hosea, Frage 4 an Klaus:

**„Welches Bild von einem Vater magst
du besonders gerne?"**

Zusatzregel: Beginne mit einer Feststellung und ende mit einer Frage

Klaus antwortet:

Nicht alle sind im selben Jetzt da. Kaum ein Gedanke hat mich in der Zeit um deine Geburt mehr beschäftigt als dieser Satz Ernst Blochs, den er so fortsetzt: *Sie sind es nur äußerlich, dadurch, daß sie heute zu sehen sind. Damit aber leben sie noch nicht mit den anderen zugleich.*

Das Foto vom im Vordergrund liegenden Philosophen, vom sich dahinter zu ihm drehenden, fast beugenden Rudi Dutschke und vom zwischen ihnen sitzenden Hosea Che Dutschke sah ich zum ersten Mal acht Jahre, nachdem es Stefan Moses 1971 in Dänemark aufgenommen hatte. Es war für mich der Inbegriff eines lebendigen, entspannten Moments.

Dieses Jetzt ist auch ein Danach: nach 68, nach dem Attentat, ich finde auch, am Nachmittag. Auf einen Blick meinte ich das Ineinander von erwartendem, revolutionärem Denken, von Erinnerungen an unabgegoltene Kämpfe, von Zuneigung und Verwundung zu spüren. Das Miteinander zweier Generationen, die sich in Anwesenheit einer dritten unterhalten.

Das Foto überblendete, verdunkelte und löschte das Bild alter katholischer Dreieinigkeit: Wo der Vater, der Sohn, der Heilige Geist waren, wurden jetzt zwei Väter und drei Söhne. Und weil es eben ein Foto, nur ein Moment, ein Schnitt ist, dachte ich mir immer ein Außen hinzu, einen Garten. Und ich stellte mir vor, wie sich das Gefüge wenig später wieder auflösen würde, weil eben mehr da sind als drei. Durchlässig schien es mir, und so wollte ich Ende der 70er Jahre auf die Welt kommen, zur Sprache, unter Leute. Verheiratete Revolutionäre und Denker mit Kind, das schien mir wichtig.

Ich mochte sie damals und mag sie heute noch, diese Abwesenheit von Mannsgetue. Vielleicht wird die Physiognomie aller alten Männer, auch dieses Philosophengesicht, wie von selbst weiblicher, und es ist dieses aufmerksame Liegen oder Lagern, kein Lungern, es ist der fast verliebte Blick des Jungen für den Alten und es ist die Nacktheit des Kleinen – ja, an die drei Stanisläuse mag ich, wenn ich dieses Bild betrachte, lieber denken als an die Bibel. Vor allem sind es die Hände, die eine des Alten als Kissen für das Hinterhaupt, die andere führt die Pfeife, die eine des Jungen hält den Kleinen, umgibt ihn, und die des Kleinen stützt sich schon recht lässig ab.

Die Körper machen Landschaft, enthalten eine Geologie der Zeit. Erleuchtet vom wunderbaren S, den Blochs und Dutschkes Münder bilden. Sanfter Blitz. Ich war in das Foto verliebt. Es ist mein Vatergefüge gewesen.

Und es durchweht ein Hauch von Popkultur: Dylans *Ray-Ban Wayfarer* sitzt auf der Nase des Philosophen, der seltsame Hut, ich denke, es sind zwei, unter dem die Kopfverletzung lauert, und alle nackten Kinder kamen für einige Zeit aus Woodstock.

Aber diese Verliebtheit ist vielleicht auch zum Problem anderer geworden. In diesem Traum von zwei Männern mit Kind trägt das Kind einen Teil deines Namens, und ich frage mich, dich, ob es nicht auch schrecklich ist, im Traum eines anderen zu seinem Namen zu kommen. Und wie ist es zu verstehen, dass in diesem Jetzt die Frauen fehlen, die es aber, wenig später, schnell bevölkert haben werden?

———————

Klaus, Frage 5 an Hosea:
„Mit welcher Überlegung sagst du in der Öffentlichkeit auch etwas über dein privates Leben, etwa über deine Herkunft, Eltern und über dich als Vater?"
Zusatzregel: Die Begriffe „Öffentlichkeit" und „Privatleben" müssen je zehnmal vorkommen

Hosea zieht seinen Joker und streicht diese Frage.

Hosea, Frage 5 an Klaus:

„Wer war der erste Demokrat, den du getroffen hast?"

Zusatzregel: Erwähne sämtliche Grundfarben

Klaus antwortet:

1974 wurde es beschlossen. Bald breitete sich auch in unserer Schule ein Gerücht namens *Schulunterrichtsgesetz* aus. Es würde die *körperliche Züchtigung, beleidigende Äußerungen und Kollektivstrafen* verbieten. Während innerfamiliär noch grün und blau geprügelt wurde, was aber bald in etwas weniger peinliche gelbliche Hautschattierungen überging, ließen die Lehrkörper zwar von den Lernkörpern ab, bestraften sie aber noch lange kollektiv, solange sich niemand wehrte und es keine Zeugen oder Zeuginnen gab.

Ein großer, hagerer Mitschüler, Mitglied einer Band, die die Hitparade auf Zeltfesten rauf und runter spielte, war der erste bekennende Sozialist, mit dem ich es zu tun hatte. Er hatte Ahnungen vom Gesetz. Ich kam mir größer vor, wenn ich mit ihm sprach, weil er ein verbotener Umgang war. Während in meinem Herkunftshaus acht Familien lebten – die meisten waren katholisch, und wenn nicht katholisch, dann wenigstens selbstständig, also Schwarze –, lebten die Roten, die Arbeitenden, Eisenbahner und Elektrizitätsangestellten, in den anderen Häusern. Durch meine Träume zogen damals noch wilde Tiere, nackte oder verwilderte Wesen und alleinstehende Helden aus Amerika und der Südsee. Erst in der Schule mischten sich die Verhältnisse. Demokraten bin ich bis dahin weder in meinen Träumen noch in der Kirche oder Familie begegnet. Ich hätte sie allerdings kaum erkannt.

Der Jungsozialist konnte nicht verstehen, was das für mich heiße, zu glauben. Seine Kritik – an Maria, den Wundern, dem Apfelbaum im Paradies – war kindisch, aber auch mir fehlten Kenntnisse, um seinen Sozialismus zu kritisieren. Also fanden wir uns interessant. Ob er ein Demokrat war, weiß ich nicht, wahrscheinlich hatte er es behauptet.

Noch heute glaube ich, dass man nicht demokratisch Denkende trifft, sondern mit etwas Glück in Situationen gerät, die zu demokratischen werden.

Es war an einem Montag im Frühsommer 1976: Meine erste Liebe neigte sich dem unerfüllten Ende zu, weil ich aus Angst zum erotisch Äußersten nicht bereit war. In der Pause hockte ich wie ein Affe auf meinem Stühlchen, als sich der Bär, neben dem ich saß, erhob und der versammelten Klasse mitteilte, dass er am vergangenen Wochenende einen außerirdisch intensiven eineinhalbstündigen Geschlechtsverkehr absolviert habe. Gelächter, anerkennendes Raunen und da und dort skeptisches Murmeln. Mir waren die geschilderten Details unangenehm, da er knapp hinter meinem Rücken stand und ich spürte, wie mich meine Freundin anschaute, der ich ein paar Wochen vorher Geschichten vom Warten und dem Respekt vor Frauen erzählt hatte.

Da stand der Hagere auf. Und er gab allem, was mich bedrängte, Ausdruck. Er lachte und sagte, dass er solche Leistungen bewundernswert fände, er selbst sei froh, wenn es ihm minutenlang gelinge. Ich saß weiterhin unten und hatte nichts Inhaltliches zur Debatte beizutragen, aber ich saß ab diesem Moment zwischen den Sprechenden und spürte in mir eine Sprache, die auch zu meiner Sache werden könnte. Es ging um mehr als um die Wahrheit über ein bisschen Spaß des entzauberten Bären.

Wenige Wochen später lernte ich deine Mutter kennen und konnte den Hageren durch lautstarken Protest in der Direktion vor einem Übel retten. Seine Prüfung war nicht die vorgeschriebenen zwei Unterrichtstage vorher festgelegt worden.

Klaus, Frage 6 an Hosea:

„Wovon hast du keine Ahnung, wenn du über Väter sprichst?"

Zusatzregel: Verwende keine Adjektive

Hosea antwortet:

In der Schule habe ich so getan, als würde ich etwas wissen. Damit bin ich durchgekommen. Mit sechzehn habe ich im Deutschunterricht zwei Stunden lang über ein Buch referiert, dass ich nicht gelesen hatte. Die Lehrerin spendete Lob für meinen Lerneifer und ich nahm es mit Rührung an, allerdings für den Erfolg meiner Simulation. Im Fingieren und Markieren lag die Zukunft, diese Gewissheit hat mir die Schule vermittelt.

Mit dem Abschluss des Gymnasiums erfuhr meine Hinwendung zur Bühne einen Bruch. Die Enge des Spielraumes für die Wirkungen des Vagen, den ich auf der Universität vorfand, erzwang eine Verfeinerung meiner Fähigkeiten als Darsteller. Auf dem Feld der Wahrheit kam ich ins Schlittern und fand mich als Schaumschläger entlarvt. Bis heute dauert meine Suche nach Konsequenz und Bodenhaftung, die mir ermöglichen, mein Schauspiel zu einer Kunst zu entwickeln, die sich nicht darin erschöpft, so zu tun, als ob, sondern vielmehr wagt, etwas Wahrhaftiges zu tun. „Das ist kein Panzer, das ist ein Kostüm", hat eine Regisseurin einmal zu mir gesagt. Von Probe zu Probe, von Vorstellung zu Vorstellung, von Jahr zu Jahr erschließe ich mir den Sinn ihrer Worte.

Mit Ahnungen kenne ich mich aus. Jeder Luftzug, alles Knarren und Brutzeln und Runzeln, jeder Duft und jede Regung durchziehen fast ohne Hemmung mein Sein, meine Befürchtungen und Sehnsüchte. Ich habe der Welt wenig entgegenzusetzen. Die Intensität meiner Sinneswahrnehmungen drängt mir seit Kindertagen die Idee auf, ich würde irgendetwas wissen, wovon die anderen erst erfahren müssen. Den Irrtum, dass mein Übermaß an

Empfindsamkeit bereits eine Qualität bedeutet, habe ich zu verwalten gelernt. Und Wortgewandtheit war dabei nicht immer von Vorteil. Für die Dauer eines Jahres habe ich dem Psychotherapeuten meinen Zustand erklärt, bevor ich dann endlich vier weitere Jahre zum Erzählen und Existieren fand. Heute lebe ich in dem Bewusstsein, dass meine Sensibilität kein Krankheitsbild ist, sondern ein Persönlichkeitsmerkmal, das Nachteile und Vorteile bringt. Meine Umgebung will nicht Zerstörung, sondern Kontakt. Und darin bin ich Hosea.

Meine Zuneigung zu Menschen, die forschen, ein Interesse pflegen und somit als Denkende leben, wächst. Alle Umstände, unter denen es etwas zu wissen gibt, faszinieren mich, ich gönne jeder Theorie ihre Verschwörung, aber Regeln schrecken mich von der Sinnsuche nicht ab. Mir ist klar, dass ich eigentlich zu wenig weiß, aber trotzdem beziehe ich öffentlich Stellung. Ich tue das, weil der Weg vom Eindruck zur These über die Veröffentlichung führt. Wenn man nicht sagt, was man denkt, kann niemand widersprechen. Dabei geht es nicht nur um Draufgängertum oder Redlichkeit, sondern um eine demokratische (sic!) Idee von Bildung und Gesellschaft. Ich sehe Meinungen als Trägersubstanz, auf der die Partikel des Wissens zwischen den Blasen und Schichten hin und her wandern. Und ich sehne mich nach mehr Gelassenheit bei der Unterscheidung der Meinungen von den Wissensteilchen, die sie transportieren. Wenn ich über Väter spreche, hoffe ich, dass sie uns bei der Entwicklung dieser Gelassenheit helfen. Wie genau, davon habe ich keine Ahnung.

Hosea, Frage 6 an Klaus:

„Wer ist dein Vater?"

Zusatzregel: Wiederhole einen Satz

Klaus antwortet:

Als der Friedhofsbeamte meinen Bruder fragte, ob er den schlichten Fichtensarg – oder war es Kiefer? – noch einmal öffnen solle, waren wir unfähig, ja zu sagen. Wäre ich allein gewesen, hätte ich es wahrscheinlich gewollt. Mein Bruder vielleicht auch. Allein mit dem Totengesicht des Vaters, das wäre mir möglich gewesen. Ich schaute nur auf den Sarg und stellte ihn mir vor, in korrektem Anzug in absoluter Dunkelheit liegend, hohlwangig mit ausgebrannten Lippen wie zwei Wochen zuvor, als ich das letzte Mal mit ihm geredet hatte und er mit trocken leiser Stimme sagte, was er mir noch sagen wollte.

Der Präsident der *Notariatskammer für Kärnten* nannte ihn, wie ich in meiner Dokumentenmappe nachgelesen habe, beim Begräbnis einen *Mann des Friedens. Nie hörte man von ihm ein unfreundliches oder gar schlechtes Wort. Das Wort „Kollege" war bei ihm gleichbedeutend mit „Freund".* Ich meine mich zu erinnern, dass mir der letzte Satz schon während der Rede im Grunde rätselhaft, bald aber tieftraurig erschienen ist, was sich heute auch dadurch nicht auflösen lässt, dass es sich bei diesem Satz um einen Baustein in der Rede eines Standesvertreters gehandelt hat. Als der Sarg in der Erde verschwand, überwältigte mich, wie aus dem Nichts, ein solches Weinen und Zucken, dass ich schreien hätte können.

Vor einigen Stunden habe ich mich zurückgezogen, um deine Frage zu beantworten, aber ich konnte mich nicht an das Sterbejahr meines Vaters erinnern und nutzte die Gelegenheit, um im Internet nachzuschauen, ob etwas von ihm zu finden sei. Nichts da. Keine Lebensdaten, nur ein einziger Eintrag auf einer Dorotheum-Seite, wo man am 21.06.2016 - 16:28 um 100 Euro bei einer Online-

Auktion unter „Automobilia" eine *Einantwortungsurkunde und Verhandlungsschrift zum Ableben von Karl Rabe, gestempelt: Dr. Hans Ratschiller, öffentlicher Notar Gmünd* ersteigern konnte. *Karl Rabe*, wird erläutert, war *von 1931 bis 1965 Chefkonstrukteur der Dr.-Ing. h. c. F. Porsche GmbH und maßgeblich am Auto-Union Rennwagen, Volkswagen, Schwimmwagen usw. beteiligt.*

Lange habe ich dieses digitalisierte Dokument aus einem mir völlig fremden Verlassenschaftsverfahren betrachtet. Ich möchte das dünne, leicht geknitterte Papier berühren, das Stempelkissen, das Farbband riechen, möchte die elektrische Schreibmaschine hören. Als könnte mich das in die Welt meines Vaters führen, in der *das Wort „Kollege" gleichbedeutend mit „Freund" war.*

Aber ich gerate dabei nur in meine Bubenwelt, in der ich auf Kanzleipapier die väterlichen, die kollegialen Gesten des Unterschreibens, Stempelns und zweifingrigen Tippens imitierte, wie ich vielleicht heute noch alle heiligen Zeiten seine akkurate Ordnung auf meinem Schreibtisch zu imitieren versuche. Bis vor zehn Jahren tippte, korrigierte, las ich an seinem großen Gmündner Schreibtisch aus massiver Eiche – oder war es Kiefer? Einer Welt, in der die Unterscheidung von Hölzern kaum eine Rolle spielte, begegnete er mit Kopfschütteln. Er fand es fürchterlich, dass ich den Tisch schwarz lackiert hatte, den er mir überlassen hatte, weil er sein Büro neu einrichten wollte. Ich fand die tiefen Laden wunderbar, noch nie hatte ich so viel beinahe geheimen Raum.

Klaus, Frage 7 an Hosea:

„Was würde ein Geschäft für Väterbedarf verkaufen?"

Zusatzregel: Schreibe in Dialogform

Hosea antwortet:

Ein schwüler Sommernachmittag. Eilig betritt ein Kunde das Fachgeschäft für Väterbedarf.

Kunde: Grüß Gott.

Verkäufer: Ja, bitte?

Kunde: Ich suche eine Krawatte.

Verkäufer: Krawatten sind aus.

Kunde: Dann bitte nur eine Zeitung.

Verkäufer: Zeitungen sind auch aus.

Kunde: Oh. Was nehme ich denn dann?

Verkäufer: Darf's vielleicht ein bisserl mehr sein?

Kunde: Wie bitte?

Verkäufer: Mehr! Ob es das sein darf.

Kunde: Ich verstehe schon, aber, entschuldigen Sie …, mehr wovon?

Verkäufer: Sagen Sie es mir.

Kunde: Mein Bruder wird Vater.

Verkäufer: Dann sind Sie bei uns richtig. Karlsen & Karlsen, Alles für den Vater seit 1905.

Kunde: Was würden Sie empfehlen?

Verkäufer: Leiblich oder adoptiert?

Kunde: Seine Frau ist im siebenten Monat.

Verkäufer: Das beantwortet meine Frage nicht.

Kunde: Natürlich, alles ganz natürlich, es wird ein Mädchen.

Verkäufer: Leiblich oder adoptiert?

Kunde: Hören Sie schwer? Meine Schwägerin ist schwanger.

Verkäufer: Herzlichen Glückwunsch. Wer ist der Vater?

Kunde: Na, er.

Verkäufer: Wer?

Kunde: Mein Bruder! Es ist sein Kind!

Verkäufer: Schreien Sie bitte nicht so. Ich habe das Geschäft voller Kunden.

Kunde: Was reden Sie? Es ist doch überhaupt niemand da!

Verkäufer: Und, was ist mit Ihnen? Sind Sie niemand?

Kunde: Ich habe wirklich keine Zeit für Scherze.

Verkäufer: Von vorne. Ihr Bruder wird Vater?

Kunde: Ja!

Verkäufer: Leiblich oder adoptiert?

Kunde: Also gut. Leiblich.

Verkäufer: Woher wissen Sie das?

Kunde: So. Ende. Ich erlaube nicht, dass Sie in diesem Ton von der Frau meines Bruders sprechen!

Verkäufer: Reine Routine.

Kunde: Haben Sie jetzt etwas Passendes für mich oder nicht?

Verkäufer: Was haben wir? Bruder, Mädchen, mutmaßlich leiblich.

Kunde: Leiblich!

Verkäufer: Kurzen Moment ... Bitteschön!

Kunde: Was soll das? Wollen Sie mich provozieren?

Verkäufer: Darf ich es als Geschenk einpacken?

Kunde: Ich werde jetzt gehen.

Verkäufer: Wenn Sie zwei nehmen, kann ich Ihnen fünf Prozent Rabatt geben.

Kunde: Guten Tag!

Verkäufer: Darf's vielleicht ein bisserl mehr sein?

Kunde: Da ist nichts!

Verkäufer: Natürlich nicht.

Kunde: Aber warum nicht?

Verkäufer: Alles ist aus.

Kunde: Tabakdose, Zollstock, Bauchtasche?

Verkäufer: Aus.

Kunde: Busenkalender, Fliegerbrille, Grillanzünder?

Verkäufer: Aus, aus und aus.

Kunde: Haben Sie überhaupt irgendetwas?!

Verkäufer: Wir sind eine Fachhandlung für Väterbedarf.

Kunde: Ja! Und mein Bruder wird Vater!

Verkäufer: Das wird sicher nicht leicht.

Kunde: Glauben Sie auch?

Verkäufer: Ja.

Kunde: Ich mache mir solche Sorgen!

Verkäufer: Das verstehe ich.

Kunde: Mein Bruder hat jedes Frühjahr Bronchitis.

Verkäufer: Er wird das schon hinkriegen.

Kunde: Und sonntags ist er immer so faul.

Verkäufer: Er wird sich bemühen.

Kunde: Sind Sie sich da sicher?

Verkäufer: Mögen Sie Ihren Bruder?

Kunde: Natürlich! Ich liebe ihn. Aber, ob er ein guter Vater wird?

Verkäufer: Er muss es ja nicht allein schaffen.

Kunde: Wie meinen Sie das?

Verkäufer: Er hat zum Beispiel einen Bruder, der sorgt sich und freut sich mit ihm.

Kunde: Und wie!

Verkäufer: Darf's ein bisserl mehr sein?

Kunde: Danke, ich glaube, ich habe genug.

Hosea, Frage 7 an Klaus:

„Fällt es dir schwer, als Vater Autorität auszuüben?"

Zusatzregel: In jedem Satz muss eine Alliteration vorkommen

Klaus antwortet:

Ja. (sic!)

Ich befürchte, mein Gesicht und meine Gesten sind in wichtigen Momenten nicht lesbar, und so sollte das bei einem Vater nicht sein: Ich lächle lange, wenn ich etwas unbedingt will. Und wenn ich etwas unbedingt will, schreie ich plötzlich, viel zu laut, und verliere verlässlich die Fassung.

Wie macht man klar, was man will?

Wenn ich in der Schule einige Stilfiguren – etwa die Alliteration – in den Sprachgebrauch einzuführen versuche, erwähne ich wie nebenbei auch den griechischen Begriff *Homoioprophoron*, den ich allerdings jedes Mal vorher auswendig lernen muss, um dann darauf hinzuweisen, dass der zu häufige Gebrauch gleicher Anlaute als unschön gelte, als dämliches Dekor. Was hingegen die wunderbare Wirkkraft der Wiederholung betrifft, können wir uns an den magisch-religiösen Bereich der Beschwörungsformeln erinnern, an die Merseburger Zaubersprüche, mit denen auch die Literaturgeschichte beginnt: *ben zi bena, bluot zi bluoda* ... Der Spruch erzählt vom Unglück und tröstet. Ich würde meine Schüler und Schülerinnen an die Heilkraft ausdrucksvoller Hände erinnern, die Walter Benjamin in dem kleinen Denkbild „Erzählung und Heilung" heraufbeschworen hat. So – im Sinne sanft und fragender Sachautorität – sollte man unterrichten. Zuerst die Bedingungen herstellen, um dann den Atem anzuhalten für die Merseburger Szene, in der zwei Götter durch das Gehölz reiten. Wobei sich ein Fohlen den Fuß verrenkt, der dann durch Worte wieder geleimt wird. Und dann würden wir über das Erzählen nachdenken, fragen, ob es einen Ausweg aus der Angst oder dem Unheil darstellt.

Wenn ich mich aufs Unterrichten vorbereite, ist es immer wunderbar still. Aber wie kann man die Götter durchs Gehölz kommen hören, wenn dauernd getuschelt wird oder jemand aufs Klo muss?

Wie kann jemand die Mutter am Bett sitzen sehen, weil das Kind krank ist, wie soll ihr Erzählen hörbar werden, das ein Staudamm ist gegen die Kinderschmerzen, denen das mütterliche Streicheln zugleich ein Bett zeichnet, wie das Benjamins Denkbild aufruft? Die Erzählung, die der Kranke *zu Beginn der Behandlung dem Arzte macht, kann zum Anfang eines Heilprozesses werden. Und so entsteht die Frage, ob nicht die Erzählung das rechte Klima und die günstigste Bedingung manch einer Heilung bilden mag.*

Aber wie, verdammt noch einmal, wie soll man erzählen, wenn es nicht still ist? Kann man denn nur Schwachen und Kranken in Ruhe erzählen? Leider löst sich mein Schrei um Ruhe nicht selten zuhause. Als lächelnd und leise erzählender Vater habe ich oft versagt.

Es wäre zu schön, wenn ich in meinem Leben zur Ausübung einer Autorität fähig wäre, die, wie Hannah Arendt sagt, *gerade den Gebrauch jeglichen Zwangs* ausschließe, denn *wo Gewalt gebraucht wird, um Gehorsam zu erzwingen, hat Autorität immer schon versagt.* Nun beruht aber nach Adorno – um in dieser Antwort mit noch einer Autorität aufzufahren – die Gesellschaft *im Grunde auf physischer Gewalt, wenn es darum geht, Ordnung herzustellen.* Das schreibt er in einem Text über den Lehrberuf betreffende Tabus. Er empfiehlt, sich Affekte zuzugestehen, *veränderte Verhaltensweisen* kämen zustande, wenn man Unsicherheit und Schwäche zeigt. Ich weiß, was gemeint ist, auch wenn ich mir nicht Ordnung, sondern Ohren wünsche, nicht Gehorsam, sondern Gehör.

Rausgehen

9. Juli

in Seelenruhe fängt man an, sich zu interessieren

Wir treffen uns oft im Augarten und knirschen, bei Schneefall oder Hitze, die Kieswege entlang, durch geometrisch arrangierte Kastanienalleen. Runde für Runde tragen wir dabei das Weltgeschehen ab, Begeisterungen und Einsichten, unsere Geschichte als Väter und Söhne, wir ringen uns durch, kommen uns näher und werden gemeinsam auch anders. An der letzten Abzweigung liegt dann niemand mehr vorn und wenig bleibt zurück. Das ist kein Spaziergang.

Soll ich anfangen?

Hier im Park können wir gut miteinander umgehen, sortierte Natur kommt uns entgegen.

Wenn man unbedingt anfangen muss, ist mir lieber, du fängst an.

Ein Eichhörnchen bringt Entlastung, buschig und rostbraun und voll Spannung ist es plötzlich da. Der Jüngere zeigt auf das ruhelose Tier und wendet sich, ganz Sohn geworden, dem Älteren zu.

Ist das normal, diese Hitze?

Mir reicht's jedenfalls.

Setzen wir uns kurz hin?

Im Freien suchen wir heute nicht den Moment, sondern gute Gründe für unser Buch. Als wollte das Eichhörnchen dabei nicht weiter stören, springt es Richtung Spielplatz zurück. Wir dürfen nicht ratlos bleiben.

Bei so einer Hitze fragt man gleich: „Ist die normal?" Man hat sofort Messdaten im Kopf. Bevor man zum Fluchen kommt oder zum Stöhnen, rechnet man schon. Es ist nicht ein heißer Vormittag, sondern wahrscheinlich der heißeste, und das seit Beginn der Messgeschichte.

Zahlen, Opfer, Impfungen ...

Wellen. Und natürlich Fluten.

Dazu wollte ich dich etwas fragen.

viertel zehn –
Ein neues Wort

Im Augarten können wir uns konzentrieren. Dafür stellt das spitzwinkelige Wegenetz die Welt als Maschine zur Verfügung. Wir müssten nur endlich losgehen, vorbei an Freibad und Altersheim hinüber zur Porzellanmanufaktur. Kleinlaut erinnert dort eine Gedenktafel daran, wie Mozart, Schubert und Beethoven hier gegen die Unerbittlichkeit anklimperten, lange bevor 1944 zwei monumentale Flaktürme das barocke Design finalisierten. Die Blumenbeete sind nach historischer Vorlage rekonstruiert, darunter verrotten die Kriegstoten, nichts erinnert an die Massengräber unter Laufbahnen und Spielplätzen. Heute ist wenig los. Letzten Freitag sind uns noch Kinderkolonnen mit schweißnassen Betreuungspersonen begegnet, aber jetzt sind schon Sommerferien. Wien ist ohne Wiener. Die Schaukeln gehören den hechelnden Krähen.

Auf einer halbschattigen Parkbank ruckelt der Jüngere in hölzerner Sitzhaltung herum und fragt dann den Älteren, warum ihn der Klimawandel so offenkundig mehr besorgt als vieles in letzter Zeit, und der Ältere erzählt – wieder einmal – von Tschernobyl, unterscheidet zwar den plötzlichen Schock des Supergaus damals vom langsamen Herannahen des Unbeherrschbaren jetzt, berichtet aber trotzdem von *einer Wiederholung dieses Grundgefühls, dass die Welt für Kinder auf einmal gefährlich wird.*

Hat das mit deiner Angst zu tun, dass Kinder aus dem Fenster fallen?

Es hat etwas mit der Angst zu tun beim aus dem Fenster Schauen. Im Frühling 86 waren die Sandkisten leer, weil der Sand hätte verstrahlt sein können. Solche Bilder kann man schwer einordnen, damit hat man nicht gerechnet. Die Welt fällt aus dem Rahmen.

Woran orientierst du dich, wenn du ratlos bist?

Was ich dann tue? Gegen Ratlosigkeit helfen Gewohnheiten, im Kreis gehen zum Beispiel. Aber, wenn der Druck zu groß wird, muss ich denken. Wenn die Nachrichten melden, der Mensch macht den Klimawandel und nicht die Natur, da bin ich schon zuerst einmal betroffen, aber dann denke ich nach, zum Beispiel über die Unterscheidung zwischen Mensch und Natur, ob ich die überhaupt gut finde. Und gleichzeitig bemerke ich, dass mein Informationsstand beschämend gering ist, nicht nur der über Polkappen, sondern immer und grundsätzlich. Zuerst Beschämung, und dann Information. Also eigentlich informiere ich mich aus Scham.

Wie machst du das?

Ich suche Halt bei Philosophen und Philosophinnen, wobei es da kaum Informationen und auch wenig Halt zu finden gibt, sondern Gedanken. Und mit Medienkonsum.

Warum fängst du bei den Philosophen an?

Weil ich, glaube ich, gerne denke. Informationen sind wie Viren, die besiedeln, fallen herein und sind immer zu viel oder zu wenig. Informationen fallen runter wie irgend so ein komischer Niederschlag. Und ich bin tatsächlich immer niedergeschlagen, wenn ich informiert bin. Wenn ich denke, nie.

Was passiert da Schöneres, beim Denken?

Ich schaue aus dem Fenster und sehe eine Sandkiste und die Nachrichten sagen, das ist eine Katastrophe. Ende der Durchsage. Aber die Philosophie erzeugt einen Raum, in dem viele unterschiedliche Begriffe und Gedanken anwesend sind, fast wie lebendige Personen, sie setzen sich in den Sand und streiten um die Schaufel oder schließen Freundschaften ... und ich darf mitspielen. So empfinde ich das.

Du möchtest eigentlich gar nicht in erster Linie etwas wissen, sondern du möchtest nicht allein sein?

Da ist was dran. Probleme begleiten uns wie gute Freunde durchs ganze Leben. Die Philosophie kann dir helfen, sie besser zu verstehen.

Liest du nur Philosophen, mit denen du grundsätzlich einverstanden bist, oder auch die Gegenseite?

Ein bisschen Spionage ist schon faszinierend, sich anzuschleichen, zwischen den feindlichen Linien, ganz still und nicht von der Nacht zu unterscheiden.

Aber geraten wir bei solchen Ausflügen nicht in Gefahr, uns zu verlieren? Wechselt man nicht automatisch ein bisschen die Seite, wenn man sich zum Beispiel an einen komplett autoritären Typ anschleicht und bemerkt, der ist auch nur ein Mensch?

Jemanden als Autoritären zu bezeichnen ist leicht. Aber wir wollen ja von Demokratie sprechen. Da ist die Untersuchung der eigenen Abgründe viel wichtiger, man haust ja nicht in seinem Ich wie in einer sicheren Blase.

Das Ich ist keine Blase. Das gefällt mir.

Wir sind selbst die Dummen, ein Idiot war, ist und wird man schon selbst. Alle wollen gerne gut denken, weiterkommen, gute Gründe finden für was auch immer man macht.

Für unser Vater-Buch.

Ja. Man will sich von der Dummheit, den miesen Problemstellungen und traurig machenden Fragen lösen, aber die Dummheit klebt an einem.

Vielleicht ist es heute doch zu heiß.

Fast vierzig Jahre lang ufern unsere Gespräche schon aus. Sie haben Urlaube geflutet und Feste überschwemmt, bis das Umfeld knietief in unserer Auseinandersetzung stand. Das ist deutlich besser geworden. Gelegentlich schwappt Nachdruck über Esstische, aber im Grunde kennen wir mittlerweile die Lösung. Aufstehen und losgehen, mitten durch die spiegelsymmetrischen Hecken. Schön ist es hier nicht, aber das ist unsere Gegend.

Ich habe mich zum Beispiel mal eingeschlichen, in die Welt von Carl Schmitt. Das ist wirklich ein durch und durch reaktionärer und problematischer Denker. Und in seinen Tagebüchern beschreibt er Phasen, in denen er völlig paranoid ist, weil Radiowellen sein Zimmer durchqueren. Man kann sagen, er spürt sie sozusagen. Und diese Radiowellen machen Schluss mit seinem abgegrenzten Raum. Weil sie alles durchdringen. Ich fand es faszinierend, mich in diese Paranoia fallen zu lassen, die Trauer dieses Rassisten und Antidemokraten darüber zu spüren, dass es keine verriegelbaren Grenzen mehr gibt, keinen Rückzugsort. Kein Hier. Ich bemerke, dass ich mich in dieser Abwehrhaltung gegenüber unsichtbaren Wellen, Quanten und mikroskopischen Übertragungen mit den Rechten berühre. Und dann aber doch nicht. Jemanden als Rechten zu beschimpfen ist jedenfalls leicht, geheimnisvoller ist, wieso man selbst keiner geworden ist.

Aber was bist du dann? Kann ein Vater so ein Schleicher sein? Geht es da nicht vor allem darum, wer du tatsächlich bist? Vatersein hat doch auch was damit zu tun, dass man erkennbar ist, als etwas, vielleicht sogar als Mitglied. Muss ein Vater nicht irgendwo Mitglied sein?

Spricht jetzt der Kabarettist? Jederzeit zum Wortwitz bereit?

Entschuldigung. Gerade, wenn man wichtig findet, dass es für Kinder, oder sagen wir lieber, für Nachkommende, nicht nur Verwirrung stiften soll, wenn Menschen denken, muss ich doch einen Weg finden zu sagen, das finde ich gerade richtig und das finde ich falsch. Vor allem, wenn ich als Denkender in einer Position bin, wo man dauernd Entscheidungen trifft. Man muss sich ja nicht gleich ein T-Shirt drucken lassen, wo die eigenen Überzeugungen draufstehen, aber, wie gesagt, man ist nicht Mitglied einer Partei, man ist aus der Kirche ausgetreten, man ist nicht bei Donauland, und was weiß ich, nicht einmal auf Facebook, man tut sich schwer, im Fußballstadion mitzujubeln, obwohl man es zuhause machen würde ... Diese Zurückhaltung interessiert mich. Wie siehst du das, ist es nicht notwendig, dass man eine erkennbare Position hat?

Als Vater?

Andersrum: Ist es, um Vater zu sein, notwendig, erkennbare Positionen einzunehmen?

Erkennbar zu sein hieße, wenn ich dich richtig verstehe: sichtbar zu sein als jemand, der Richtig und Falsch unterscheidet. Deine Frage ist deutlich: Muss man Parteimitglied sein, um ein Vater zu sein? Also muss der Vater etwas haben, was uns allen grundsätzlich fehlt: Position, Programm, Partei ...

Jetzt machst du dich lustig.

Nicht unbedingt. Verdamme ich mein Kind dazu, ständig darüber zu rätseln, ob es überhaupt etwas richtig machen kann, also zum Beispiel etwas sinnvoll zu wiederholen? Diese Frage finde ich schon heikel. Und insofern können Parteischulungen auch eine große Erleichterung sein. Dort lernt man, es gibt eine Sprache ohne mich, und es gibt zugleich eine Sprache, die sich durch mich fortsetzt, von der Leitung nach unten hin, und dann wissen die unten endlich, was sie eigentlich sagen wollten.

Das klingt für mich nach einer Pointe. Aber es gibt doch Menschen, die sind schon oben angekommen, bei der Bildung und bei einem Nachdenken über die Welt, auf Basis von Wissenschaft und tatsächlichem Denken, also bei den guten Gründen. Ist es nicht sinnvoll, wenn die etwas davon nach unten fließen lassen? Das muss nicht von vornherein ein diktatorischer Akt sein. Das könnte ein Prozess sein, in dem auch von unten nach oben etwas dringt, das Begehren, die Wünsche ... und dann gebe es kompetente Menschen, die in der Lage sind zuzuhören, die das zusammenfassen und dann in Sätze oder in Forderungen umformen und denen da unten zurückgeben.

Demokratie als Hinauf- und Hinunter-Gemurmel der vielen.

Das gefällt mir.

Ernsthaft?

Ernsthaft.

Weil für mich ist das ein springender Punkt. Genau hier möchte ich den Vater mit der Demokratie verbinden. Du hast über Dummheit gesagt, dass die in einem selber ist und nicht in den anderen. Ich bin zum Beispiel kein Akademiker, aber ein paar von meinen Freunden schon. Und die sehen Demokratieprobleme oft als Bildungsprobleme, aber mit Blick nach unten. Die Ungebildeten sind schuld am Verfall der Demokratie, heißt es dann. Aber kaum jemand schaut nach oben.

Oder zumindest geradeaus, in die Augen des Gegenübers, geschweige denn in den Spiegel …

… jedenfalls nicht dorthin, wo die sind, die schon etwas wissen. Aber das Bildungsproblem haben doch auch die Gebildeten. Wie gehen die mit ihrem Wissen um, worüber denken sie nach, welche Art von Forschung wird finanziert, welche Art von Lernen gefördert? Und mein Vorschlag ist, dass hier irgendwo das Väterliche zu suchen wäre. Aber weniger als Person, sondern als Tätigkeit, die man nicht mit dem Wort „Vater" bezeichnen kann.

Wie schön: Jetzt suchen wir einen Begriff!

Ist das feig? Eine Ausflucht?

Ganz im Gegenteil. Ein neues Wort, das allein wäre schon ein guter Grund für ein Buch.

Ich habe schon eine Idee.

Ist es die mit dem Vatern?

Genau. Es gibt das Wort bemuttern, und da wissen alle ungefähr, was gemeint ist, also dass man quasi ohne Fragen zu stellen seine

Liebe teilt, und da gibt's keine Diskussion mehr, dass auch Männer bemuttern können. Das ist ein völlig von Geschlecht und allem losgelöster Begriff, auch von Verwandtschaft. Aber bevatern, das wäre noch ziemlich frei.

Da wüsste auch noch niemand, was das heißen soll.

Vatern bedeutet, dass man Nachkommenden dabei hilft, das Wissen, die Meinungen, die Bildung, all das viele, was Welt ist, aber von woandersher kommt, und nicht aus einem selbst, und was mitunter dunkel sein kann, zu schwierig, manchmal einfach nur überfordernd, dass man es schafft, dieses Andere nicht mit Angst und Vorbehalt oder mit Abwertung aufzunehmen, sondern mit Interesse.

Bevatern ist also nicht „beibringen"?

Nein, Vatern wäre eine Bezeichnung für die Tätigkeit derer, die danebensitzen, während etwas gelernt wird. Und wenn dann bei den Lernenden Gefühle aufkommen wie: ich versteh das alles nicht, und es ist alles ein Scheiß, und es ist alles zu viel und zu wenig zugleich, dann lassen dich die Vaternden nicht allein mit den Gefühlen der Fremdheit, der Ausgeliefertheit, mit deinem Bedürfnis nach Rückzug auf eine Insel, wo du dich schon auskennst und mit der du gut zurechtkommst.

Es vatern also nicht die Wissenden. Es geht um die Befremdung, die man beim Nicht-Wissen, beim Noch-nicht-Wissen und generell beim Kontakt mit allem Wissbaren empfindet?

Ja. Um einen angstfreien Umgang damit. Weil Vater sein heißt auch fremd bleiben, ohne Angst.

Jedenfalls aber sitzen bleiben, aus Liebe. Vielleicht ist das die väterliche Position. Und manchmal muss man auch liegen oder stehen und sich bücken, um etwas aufzuheben.

Dem Älteren drängen sich Gedanken auf, die er aber noch nicht so genau vorbringen kann, und dieses ein wenig vertrocknet wirkende Eichhörnchen, das am staubigen Rand des Kieses hockt, lenkt ihn von allzu freier Assoziation ab. Vergnügt fragen wir uns, ob es dasselbe Eichhörnchen ist wie vorhin, vergleichen Farbe, Buschigkeit und Körperspannung. Der Ältere deutet an, dass eine Position, erst recht eine Haltung, als etwas Körperliches betrachtet werden könnte, wenn nicht sogar müsste. Und der Jüngere schlägt vor, dass die nächsten Kapitel der Ausarbeitung unseres noch sehr vagen Konzepts des Bevaterns gewidmet werden sollen. Wie schön, wiederholt der Jüngere lachend, jetzt suchen wir nicht nur ein Wort, sondern umkreisen auch die Frage, warum es notwendig ist. So könnte man vielleicht sogar einen Begriff draus machen.

Hast du Kraft für noch eine Runde?

Ja, eine kleine geht noch.

Kennst du dich noch aus?

Ganz ehrlich? Mich überrascht wirklich, wie sehr unser Vatern mit dem zu tun hat, was Wissen heißt, was Information, was Denken.

Und ja, was Meinungen sind, bloße Meinungen.

Deine Intuition war ja immer, dass wir den Vater aus der Familie in das Feld der Demokratie verschieben müssen.

Ich halte das für dringend notwendig. Weil, es gibt diesen gigantischen Klimawandel, also, es wird nicht nur viel zu heiß, sondern parallel dazu setzt sich auch noch die Idee durch, dass sich das gute Leben nicht mehr für alle ausgehen wird. Jedenfalls nicht die Version mit Sozialversicherung und Privatsphäre und Automobil. Das geht sich nur mehr für manche aus, rechnet man uns vor. Aber eine der großen Behauptungen von Demokratie ist ja, dass es um Gerechtigkeit geht. Und eine Wissens-Elite sollte sich doch dafür interessieren, wie das Leben für alle besser werden kann.

So, wie ich das sehe, wird derzeit hauptsächlich darüber nachgedacht, wie man sich als Einzelner optimieren kann, damit man rechtmäßiger Gewinner wird.

Kompetent ist, wer vorne liegt und andere hinter sich lassen kann.
Zurück bleiben die Verlierer...

Genau, und die gelten aber zunehmend auch als rechtmäßige Verlierer.
Denen unterstellt man, sie hätten sich nicht genug optimiert. Und
deshalb sind sie selbst schuld. Da gibt es niemanden, keinen Vater,
der die Verantwortung übernimmt, der aber auch sagt, dass das
Optimierungsprogramm trotz allem richtig ist. Da ist eine Position
nicht besetzt. Und dieser Mangel befördert die Wiedergeburt von auto-
ritären Tendenzen, auch in Ländern, die schon Demokratien waren.

Dir fehlt also doch die Position des Patriarchen?

Nein, überhaupt nicht. Ich sehe eher die Neubesetzung der Vaterrolle
als wichtige Hausübung, die die Demokratie noch nicht gemacht hat.

So verstehe ich es etwas besser, auch wenn man den Begriff „Position"
mit dem Begriff „Rolle" leicht verwechselt. Demokratie muss auf jeden
Fall ohne Patriarchen auskommen. Sie kann sich nicht auf Gottes
Gnade oder auf eine Dynastie oder auf irgendeinen Urvogel berufen.
Das zeichnet sie sogar radikal und grundlegend aus. Demokratie
kann sich nicht begründen, nicht in letzter Instanz.

Und das ist aber das Aufregende.

Ich glaube, wir kommen uns näher.

Wenn man zu denken versucht oder zu beschreiben, was in der
Gegenwart wirklich passiert, und wenn man tatsächlich mit Wissen
umgeht, und mit der Vorläufigkeit von Wissen und diesem stän-
digen: „je mehr man lernt, desto weniger weiß man" und all diesen
Phänomenen, die mit dem Denken kommen, wenn man also ver-
sucht, mit der Wirklichkeit ehrlich umzugehen, wie kann man es
dann schaffen, dass man sich nicht zurückzieht, dass man nicht sagt,
die Welt ist brutal und ändern kann ich daran sowieso nichts, aber
ich beschütze zumindest alle meine wunderbaren Berührtheiten und
Empfindlichkeiten vor ihr?

Kann man als Denkender auf etwas anderes hoffen als auf Erlösung?

Wir wollen das Schöne, das Relevante, das Interessante zur Welt bringen und nicht vor der Welt schützen. Das wäre meiner Meinung nach das interessante Spielfeld für unser Vatern. Und ich glaube, das ist eine Organisationsfrage.

Organisation statt Erlösung, das ist ein Programm!

Und ich bin sicher, im Wort Vater steckt eine Funktion.

Also ist er dann doch ein Funktionär?

Hör auf! Ich ziehe aus dem Hauptwort die Tunwörter heraus, möchte die Position in Tätigkeiten auflösen. Und eine Geschichte erzählen.

Ich höre dir wirklich gerne zu.

halb zwölf –

Ursprungstrottel

Da gibt es also plötzlich ein Haus, im Gegensatz zum Zelt und zum Aufbruch und zum Vorläufigen gibt es auf einmal etwas, was bleiben soll, also ein Haus. Und in dem leben alle, die Kommenden und die Gehenden, und in dem Haus gibt es eine Mutter oder mehrere Frauen, die in der Lage sind, Kinder zur Welt zu bringen, was sie auch tun. Sie haben Affären mit verschiedensten Männern, und so kommen Kinder zustande, und die leben dann alle zusammen. Und dann gibt es einen, der bleibt, der nicht nur wegen des Sex da ist und dann wieder geht, auf die Jagd, was weiß ich, oder Beeren pflücken. Sondern einer bleibt einfach da, und der wohnt dann bei all diesen Leuten, und mit dem muss irgendwie umgegangen werden, und der muss mit den anderen umgehen. Und irgendwas ist der. Und die Idee der Sprache ist, das ist halt der Vater. Und die Idee der Römer war dann, das ist der Chef.

Die behaupten ja, der ist überhaupt nur geblieben, um Chef zu werden. Irgendwo zu bleiben, ohne Chef werden zu wollen, wäre völlig unrömisch, also primitiv.

Genau. Und meine Utopie ist aber, weil wir darüber einfach nichts Genaues wissen, was der Germane oder, besser noch, was der Indogermane gemeint hat, wenn er Vater gesagt hat, deshalb, aus dieser Unwissenheit heraus, können wir frohen Mutes und mit allem Recht einfach behaupten, der Indogermane war der urnette Kerl. Der war überhaupt kein bisschen autoritär, nicht brutal, etwas blöd und beschissen. Diese Beschreibung hat nur den Römern in den Kram gepasst. In Wirklichkeit können wir darüber gar nichts Genaues wissen. Und so gibt uns die Geschichte die Möglichkeit, zu erfinden, wie der Vater eigentlich vom Indogermanen gemeint ist – bevor die Römer ihn auf den Alleinherrscher zuspitzten.

Der Vater läuft also derzeit noch rum, als eine Pointe der Römer. Und du schlägst vor, man müsste den ganzen Witz neu erzählen. Dein Vater soll der „primitivus" werden – was bedeutet: „der erste seiner Art".

Mein Vorschlag ist, dass der Vater grundsätzlich einmal zuständig ist fürs Dazukommen, weil er selber diese Erfahrung durchläuft. Nicht der Ursprung, nicht das Einzige, nicht die Mutter, nicht die Gebärende zu sein, sondern etwas anderes, vielleicht sogar ein Fremder, dass man ihn deswegen an genau diese Stelle stellt und dort stehen lässt und ihm diese Funktion zuschreibt.

Gehe damit um, dass es nicht nur das Einzige gibt, sondern auch noch das Fremde, und dass das Einzige, wenn es auf das Fremde trifft, das Eigene werden kann.

Ja, dort sehe ich den, und dort sehe ich aber keinen Mann, dort sehe ich keinen Zeugenden, sondern dort sehe ich Leute, vielleicht sogar mehrere, die das machen, die also vatern.

Schau mal!

Harry Potter und Ron Weasley flitzen durch das einzige Gebüsch weit und breit, am Zaun des Spielplatzes entlang. Zum Glück sind sie gut eingeschmiert, aber durstig sehen sie aus. Die Eichhörnchen haben sich wohl zurück in unsere Töchter verwandelt, scherzt der Ältere. In letzter Zeit können die beiden Mädchen wunderbar miteinander spielen. Die Halbschwester des Jüngeren und die Enkelin des Älteren sind fast im selben Alter und haben ihr komplexes Verwandtschaftsverhältnis beharrlich zu einer soliden Freundschaft korrigiert. Jetzt werden sie zum Wasser gewunken. Die Kinder trinken, als wäre es fast schon zu spät dafür, Kopfbedeckungen werden eingemahnt, wir werden aufgeklärt, dass Harry eigentlich Hermine spielt, dann rennen die Mädchen grußlos Richtung Hogwarts davon. Wir Vaternden bleiben noch am Spielplatzbrunnen stehen und halten unsere Hitzköpfe abwechselnd in den Strahl.

Wir sind vergnügt. Die Ungeduld des schönen Vorhabens lässt schmerzende Wirbel und belastende Überzeugungen im Hintergrund verblassen. Machen wir das jetzt wirklich? Inspiriert vom Angstschweiß des Carl Schmitt lösen wir den römischen Vater auf in germanischem Mythos und dann rühren wir seine Reduktion wie Sirup ein, in die Demokratie. Mehr Chuzpe geht nicht. Wir sind der wandelnde Albtraum der Autoritären. Kurz gefallen wir uns. Die Sonne trocknet unsere Gesichter. Vielleicht wird das doch noch ein Spaziergang.

Wie viel müsste man wissen, um Geschichten vom indogermanischen Vatern zu erfinden?

Möglichst viel. Zuerst braucht man ein sehr spannendes Problem, und dann sucht man in der Weltgeschichte einen günstigen Punkt für die Erfindung, wo man machen kann, was man will.

Eigentlich ein Loch in der Geschichte, in die man die Erzählung einfädeln kann.

So wie jetzt eben mit dem Vater, man entdeckt, wo kommt dieses Wort her? Dann merkt man, das ist alles nicht so ganz genau erforscht, weil man es auch gar nicht so genau erforschen kann. Dann merkt man, hoppla, die Germanen, zum Beispiel, dass die ein einheitliches Volk gewesen sein sollen, das ist eine Erfindung der Römer. Und schwupps, geht so ein großes Fenster auf, finde ich, und eine große Gelegenheit ... sich einfach Elemente von Kultur nehmen und daraus etwas anderes machen ...

Darf man das?

Fakt ist, es wird gemacht, und die Römer haben es mit dem Vater gemacht. Die haben sich beim Indogermanischen bedient, und ich find es wahnsinnig aufregend, einen Schritt zurückzugehen, in die Steinzeit, und zu sagen, man entreißt den Begriff den Römern wieder und erfindet einfach etwas, was dort vorher gewesen sein könnte. Man lässt die Römer quasi aus und verschafft dem Wort „Vater" ein bisschen Luft. So wollte ich immer arbeiten, solche Sachen suche ich, wie ein Trüffelschwein. Aber, es ist nicht leicht, sowas zu finden.

Na gut. Also, wir erfinden die Geschichte vom ersten Vater. Geht schon. Eines Tages war da einer, der ist geblieben. Warum macht er das?

Wir bräuchten ein vitales Motiv fürs Bleiben.

Warum wollte er nicht mit den anderen weiterziehen, raus aus dem Haus, warum nicht mehr im Vorbeischwimmen zeugen?

Nomade zu bleiben ist ihm zu anstrengend geworden. Das depperte Zelt auf- und abbauen bei jedem Wetter, dauernd diese Schafe, Filz stampfen ... Und Römer werden kommt erst recht nicht in Frage, weil wozu sich dazu zwingen, mehr zu arbeiten, als es seinen Bedürfnissen entspricht? Man könnte sagen, ja, er wettet auf Arbeitszeitverkürzung. Und dann könnte man sagen, das war irgendwie ein Typ, der hatte so eine Idee vom faulen Hund ... oder besser noch: Es handelt sich beim ersten Vater jedenfalls um jemanden, der etwas Besseres vorhat als dauernd zu arbeiten. Er ist diesbezüglich von vitaler Schwäche.

Einfach mal schauen. Genau: sitzen und blöd schauen.

Vergesst alle Ideen von einem guten, besseren, gefühlvollen und so weiter Vater! Vatern beginnt mit radikaler Arbeitszeitverkürzung, also mit Zeit für möglichst umfassende Inkompetenz ohne mieses Gefühl. In Seelenruhe fängt man an, sich zu interessieren.

Also, vielleicht, in unserem Mythos, war der erste Vater derjenige, der das Fenster erfunden hat.

Irgendwie hatte der so eine Phantasie vom Rausschauen. Oder Phantasien beim Herumschauen, überschießende Leidenschaften fürs Vorbeiziehende vielleicht, jedenfalls Kontakt zu einem Außen.

Rausschauen, ist das eine Idee, die entsteht, wenn man irgendwo bleiben will?

Ja, diese Art von Kontaktaufnahme hat was mit Bleiben zu tun.
Dem Bleibenden geht es immer darum, Kontakt mit dem Fremden
zu haben, immer, und WhatsApp war noch nicht ... aber vielleicht
hatten die Nomaden generell sehr wenig Kontakt mit dem Fremden,
weil sie nämlich immer dasselbe machen.

Und weil sie halt die ganze Zeit sowieso weg sind, oder auf dem
Sprung.

Ja, aber sie gehen ja nicht woandershin, die bleiben immer in ihrem
Zelt, immer in der Nähe und mitten unter ihren Schafen, und jedes
Jahr dieselbe Route, und immer dieselben Wetterbedingungen su-
chend, immer dasselbe, weil sie ja schon draußen sind.

Die sind immer schon woanders. Da können die Gedanken im Zelt
bleiben. Genau.

Und ein Zelt braucht kein Fenster. Ein Haus, wenn man dableiben
will, herumsitzen möchte, mehr Zeit drinnen verbringt als früher, da
muss man auch lüften, nichts ist wichtiger als zu lüften, wenn man
irgendwo bleiben will, und außerdem – möglicherweise im Winter,
in der Nacht wahrscheinlich, da entsteht dann im Sitzen, mit Blick
auf die Wand, so eine Ahnung, dass man gerade blöd schaut. Also
braucht es ein Fenster. Drinnen zu bleiben ändert alles.

Diese Idee, dass man durch etwas Künstliches rausschaut aus dem
Eigenen auf das Andere, das ist eine radikal wichtige Idee. Ich werde
ja im Urlaub nach Florenz fahren, wo die Renaissance herkommt, und
sogar im Reiseführer steht etwas über die Erfindung von Gemälden, die
auf einmal so tun, als wäre der Blick des Betrachters der einzig mög-
liche Blick. Wir sind hier in Wien, bei uns musste diese Ich-Erfindung
dann mühsam therapiert werden. Aber grundsätzlich ist die europäische Idee davon, sich überhaupt eine eigene Position zuzutrauen, ohne
zentralperspektivische Malerei kaum denkbar. Und genau das nennt
man den männlichen Blick. Und das wäre dann ja was, was man
dem Vater zuschreibt. Aber wenn wir jetzt allen Mut zusammen-

nehmen und behaupten, vor dem pater familias, *also vor dem römischen Arschloch-Vater, gab's ein wirklich anderes Vorläufermodell ...*

Nicht ein Fenster, sondern viele Fenster!

... einen Trottel, der schon, bevor er sich fürs Bleiben entschieden hat, vielleicht, weil er heimlich mit dem Feuerzeug gespielt hat, und das womöglich nicht nur aus Versehen, ein Loch ins Zelt gemacht hat, grinsend, und dann bald absichtlich gleich mehrere ...

Und das Mondlicht ist ins Zelt gefallen.

... vielleicht hatte er dann eigentlich nur noch dieses Loch im Kopf. Nichts als Löcher.

Genau, und mit diesem Loch im Kopf ist er dann in einem Haus gelandet und geblieben. Und als er in einer Winternacht so im Haus herumgesessen ist, da ist ihm das Loch wieder eingefallen.

Vatern heißt löchern.

Um irgendwo durchschauen zu können.

Um irgendwo hineinschauen ...

... und hinausschauen zu können.

Wir sind wieder bei unserer Parkbank angekommen, sie steht inzwischen ganz im Schatten und wir nehmen das Angebot an. Dem Älteren gefällt unsere Idee vom ersten Vater als Fenstermacher immer besser. Der Jüngere spricht von Rahmen, von halbwegs stabilen Rändern, die man brauchen könne, wenn man das Chaos oder die Ordnung im Chaos entdecken wolle. Aber politisch sei das noch nicht, entgegnet der Ältere und verschränkt die Arme hinter dem Kopf.

Da ist nix mit Sitzen und Schauen. Politisch zu sein heißt nun mal, sich ins Spiel zu bringen. Ob ich aus dem Fenster schaue oder ob ich rausgehe, ist ein ziemlich wichtiger Unterschied. Ich kann zwar irgendwie rausschimpfen, aber das heißt ja eigentlich schon rausgehen. Das

Fensterbankerl ist ja auch ein Machtraum. Da gibt es die Vorhänge, die Jalousien und so, den ganzen Machtapparat, der den, der durchs Fenster schaut, Blicken entzieht, bis er verschwindet ins Unsichtbare.

Da sieht einer, wird aber nicht gesehen.

Und Politik heißt aber eigentlich, ich sage meine Meinung, ich bringe mich ins Spiel und damit bin ich revidierbar, und das heißt: Ich werde gesehen.

*Es gibt von **Leonard Cohen** das **Lied** Anthem, **und da gibt es diese Textzeile, die mir sehr viel bedeutet, nämlich „There is a crack in everything, that's how the light gets in".** Das könnte man ja einem Fenster auch zuschreiben, durch ein Fenster schaut man nicht nur raus, sondern durch ein Fenster kommt auch das Licht rein. Ich bin dafür, dass wir nicht nur annehmen, durch ein Fenster schaut man raus, sondern durch das Fenster kommt auch was rein.*

Die Aufgabe der Kunst ist es, zu schlitzen. Und dann dringt auf einmal etwas rein, was stärker ist als man selbst, und dann muss man das irgendwie aushalten und unterliegt dem und ist sehr aufgeregt. Zu aufgeregt vielleicht, um unter Menschen zu sein.

Das ist ein wirkliches Problem. Möglicherweise auch ein Grund, unsichtbar werden zu wollen.

Wir haben unseren indogermanischen Ursprungstrottel an einem riskanten Ort platziert. Einerseits droht die Gefahr, dass unversehens aus ihm der allwissende und beherrschende, immer römischer werdende Fenstergucker wird, andererseits spielt er als Schlitzer und Lochmacher mit dem Feuer und droht vom glühenden Chaos durchleuchtet und verbrannt zu werden. Wie mausert sich der jetzt zu der Figur, die in der Nähe des Lernens der Nachkommenden sitzen bleibt?

Vielleicht ist es ganz einfach.

Ganz sicher sogar.

Unser Ort ist das Loch im Haus, an dem ein Fremder sitzt und bleibt und schaut. Er könnte unsichtbar werden, er könnte im Loch verschwinden, aber ein Loch, wir haben es schon gesagt, ist ein Ort, in das man hinein- und aus dem man hinausschauen kann. Da sind nicht nur drinnen welche, sondern auch draußen. In so einer germanischen Siedlung, da steht ja nicht nur ein einziges Haus. Da stehen mehrere Langhäuser und dazwischen ist ein Gatsch und da schmatzen die Germanenkollegen und Germanenkolleginnen durch die Gegend, und die Schafe und ganz selten einmal eine Kuh.

Und am Fenster stehen nun die, die sich ins Spiel bringen, und ins Spiel bringen heißt, dass man revidierbar wird. Man sieht und wird gesehen.

Aber wie hält man das aus? Wahrscheinlich sollte man am Fenster nur Sachen machen, die man auch vertreten kann.

Und was ist dafür der Maßstab? Weil, unter der Hand wurde aus dem Loch im Kopf ja eine Meinung, die man aus dem Loch hinausspricht.

Der Maßstab ist jedenfalls nicht der Vater.

Aber Maßstäbe darf man nicht grundsätzlich aufgeben. Ich muss sagen können, was wertvoller ist, was überzeugender.

Und schon ist aus dem friedlichen Lochmacher ein Wutbürger geworden.

Was soll das jetzt?

Das wird man ja wohl noch sagen dürfen.

Ach so, na schön, dann ist der Trick vielleicht wirklich ganz einfach. In der Demokratie muss sich alles auf eine Weise sagen lassen, die anarchistisch ist. Weil Demokratie ist von der Wurzel her anarchistisch.

Wie meinst du das? Ich sehe eigentlich nur ein tatsächlich anarchistisches Element in der Demokratie. Nämlich nicht, dass mehrere Meinungen zulässig sind, dass alles veränderbar ist, dass es Wahlen gibt, dass es keinen Herzog gibt oder so, sondern das Anarchistische an der Demokratie ist, dass sie sogar das Antidemokratische zulassen muss.

Ja, sie ist ohne Ursprung. Sie ist eine Organisationsform. Die Demokratie kennt gar kein isoliertes Ich. Das sind Altlasten aus Florenz. Einen Menschen allein, das gibt es ja nur in der Phantasie oder im Kino. Und die Demokratie will ja die echte Welt organisieren. Da kommt man nicht weit mit „ich muss sagen können". In der echten Welt gibt es nur „ich sage und bin revidierbar", weil auch „ein anderer sagt".

Demokratie beginnt nicht mit einem Ich, das in der Winternacht am Kamin sitzt und sagt: „Ich denke", sondern mit einem Loch, aus dem schon längst ein anderer herausspricht und sagt: „Wir sind."

Die Demokratie beginnt mit den Fenstern.

Genau, da wollten wir hin. Es sprechen immer viele. Und nicht nur einer. Mit einer Wahrheit lässt es sich leicht leben. Aber was machst du, wenn plötzlich eine zweite Wahrheit daherkommt ...

Dem Jüngeren drängen sich Gedanken auf, die er unbedingt ausarbeiten will, er beginnt von der Technik des Flickens zu erzählen, vom Patchwork, das keine Zentralperspektive kennt. Wir trinken aus den Wasserflaschen der Mädchen und schauen uns nach Eichhörnchen und Zauberern um. Der Ältere schlägt vor, dass die nächsten Kapitel der Ausarbeitung der konkreten Frage der Organisation von Flickwerk dienen könnten. Wir phantasieren ein bisschen von Körpern, Löchern und Flicken. *Ich glaub allerdings,* sagt der Jüngere, um das Lachen zu unterbrechen, *dass auch im demokratischsten Mainstream immer noch nach einer absoluten Wahrheit gesucht wird und noch immer nicht nach einer vorläufigen.*

Zugleich behauptet der Mainstream, dass alles subjektiv sei. Jeder soll so tun, wie er will, solange nichts wirklich passiert. Weil, ich kenn ja auch einen Schwulen, ich kenn auch einen Juden, ich kenn ja sogar einen Flüchtling ... Das sind ja alles meine Freunde. In Freundschaften gibt's Diversität ...

... und in Unternehmen.

Und ansonsten gibt's eine unfassbare Denkfaulheit, die darin besteht, dass man immer dann, wenn es schwierig wird, sagt: Jeder, wie er meint. Und wenn es ganz schwierig wird: Alle so, wie ich meine.

Was für eine stumpfsinnige Vorstellung von einem Subjekt! Als könnte man irgendetwas meinen oder sein, ohne die anderen. Ein Flüchtling kommt in Wien an, und er bleibt Flüchtling, solange ich ihn so nenne und so sehe, und nicht sage, da ist ein Zimmermann, Halleluja! Sowas löst Machtgefühle aus. Und dann beschließe ich, der ist jetzt mein Freund oder mein Feind. Oder ich beschließe sogar, welche Wünsche oder Probleme der hat, und was der glaubt, und außerdem darf man bestimmte Worte über den nicht sagen, das beschließe ich auch. Man möchte das Heft nicht aus der Hand geben. Und der letzte Beschluss ist dann, dass man sagt, ich habe die Leute mit den Problemen höchstpersönlich bemerkt, ich sehe sie alle, es sind eindeutig die anderen und die können gar nichts dafür.

In einer Ordnung, die sich globalisieren und demokratisieren soll, kann man mit so einem starren Subjekt wirklich nichts anfangen.

Gar nichts.

Aber diese Idee, dass es dort den Nachbarn gibt und da mich, und jeder Verantwortung für seine eigene Situation trägt, was machen wir damit?

Das ist etwas, das überwunden werden muss. Es gibt nur gemeinsame Situationen, also gibt es auch nur gemeinsame Verantwortungen. Man steht der Welt doch nicht gegenüber als was Einziges, das man selber ist, und alles andere ist die Welt. Nein, es gibt nur alles auf einmal, nichts als Löcher, nichts als Fenster, durch die hinein- und hinausgeredet, -gekrochen, was weiß ich, wird. Und ich glaube, dass man vatern muss, um das zu bemerken, und bevatert werden müsste, um das aushalten zu können.

Wovon du erzählen möchtest, ist, dass man das, was die Welt ist, Zusammensein nennen könnte.

Ja. Aber, man ist nicht zusammen, weil man einer Nation, einem Geschlecht, einer Klasse oder sowas angehört.

Aber worauf bezieht sich so eine Gemeinschaft dann?

Am ehesten auf Nachkommende.

Das ist gut, Nachkommende und Vorhergehende.

Zusammensein als Kommen und Gehen.

Und darin ist Vatern das Dabeibleiben.

Das Weitergeben zwischen den Vorhergehenden und den Nachkommenden muss am Laufen gehalten werden, der Transfer. Es geht nicht um die Sicherung von Eigentum oder eigenem Ursprung, es geht im umfassenden Sinn um Transferleistungen und um Verträge zwischen den Generationen, die mit Sicherheit ständig neu ausgehandelt werden müssen ...

... unter sich verändernden Klimabedingungen.

Na gut, jetzt handeln wir das Verhältnis von Älteren und Jüngeren also am Fenster aus. Das ist sicher besser, als es passiert im Hinterzimmer. Aber wir leben ja auch mit Gestorbenen und mit noch nicht Geborenen. Wie geht man mit denen um? Solche Fragen wurden und werden in Innenräume verlegt, ins Innenleben. Und Selbstisolierung, aber auch erzwungene Formen von Isolation haben große Erzählungen und fabelhafte Kulturleistungen ermöglicht. Es ist doch wirklich schleierhaft, wie man mitten unter Menschen zu ähnlichen Leistungen fähig sein könnte.

Dann eben nicht zu ähnlichen, sondern zu anderen, aber vergleichbar fabelhaften!

Wir schlagen tatsächlich vor, unser Innenleben zu löchern, es als Element des öffentlichen Transfers zu betrachten. Das wird ein langwieriger, jedenfalls aber interessanter Prozess. Zu vatern beginnt erst!

Nur nicht so tun, als wüsste man etwas: sitzen, blöd schauen.

Sollen wir noch eine Runde gehen?

Ich hab schon Hunger.

Geben wir den Kindern noch zehn Minuten.

Schreist du?

Der Jüngere ruft aus Leibeskräften in den Augarten hinein. Dankbar reicht ihm der Ältere die Wasserflasche und wir machen uns gefasst. Noch regt sich nichts, nur die Sonne nähert sich dem Zenit, wir bleiben im Schatten.

zwanzig vor eins –
Kommen und Gehen

Weißt du, ich bin immer für Genauigkeit ...

Ich weiß, Pünktlichkeit und Sorgfalt. Das mag ich auch sehr an dir.

Mittlerweile.

Mittlerweile.

Was ich unbedingt noch sagen will: Harmlos und von vornherein friedlich ist die Öffnung der Innenräume auf keinen Fall. Die sind immerhin auch Rückzugsräume, Ruhezonen, Raststationen. Wenn sowas verschwindet, ist oft Brutalität im Spiel gewesen. Gelöchert, geschlitzt und gezündelt wird vor allem im Krieg.

Und der Vater war, historisch betrachtet, wahrscheinlich meistens im Krieg. Unser Ursprungstrottel hat vielleicht im Zelt mit dem Feuer gespielt, weil er nichts Besseres gewusst hat. Es war ihm vielleicht ein bisserl fad.

Ich werde auch traurig, wenn etwas verschwindet. Könnte es im Zusammensein eine Aufgabe von mir als Älterem sein, darauf hinzuweisen, was das Gute und Schöne an dem ist, was verschwindet? Könnte das für die Nachkommenden von einem gewissen Interesse sein?

Ja, das wäre eine würdige Aufgabe der Älteren. Man müsste erzählen können, ohne den Jüngeren mit irgendeiner Form von Gewalt aufzudrängen, dass es sich dabei um die Wahrheit handelt.

Liebe Kinder, wir erzählen euch von einer Qualität des Vorbeigehenden.

Und die Aufgabe der Jüngeren wäre, den Älteren zuzuhören und das Vergehende in ihr Kommendes zu integrieren. Und alle paar Wochen gibt es ein großes Fest.

Das wäre politisches Sprechen. Demokratie wäre ein fortlaufendes Umbauvorhaben, in dem sich die Meinungen auch verändern dürfen, dadurch, wie der andere darauf reagiert. Ich beschreibe, aber auch der Beschriebene meldet sich zu Wort. Und die Qualität meiner Meinung misst sich nur daran, wie sinnvoll du darauf reagieren kannst.

Sehr schön.

Warum ist es nicht schon längst so?

Ich glaube, Ungeduld bringt nix, wenn man das Festhalten an alten Formen lösen will. Man muss bei aller Begeisterung für das Neue selber etwas von der Traurigkeit spüren, darüber, dass die Schönheit dieser alten Formen verschwindet. Ich zum Beispiel finde das schon auch schade, dass Gott tot ist, der Urvater ein Loch im Kopf hat. Aber ich will weder Gott zurück noch das Vaterrecht.

Vatern heißt friedlich werden – trotz allem.

Gib es auf, standhaft zu sein, die Wahrheit zu behaupten, und versuch schon gar nicht, sie mit Wucht durchzusetzen. Gib es auf, jugendlich sein zu wollen, sei ein Vergehender!

Aber dann steht das wütende Kind vor dir, das vielleicht in die Pubertät kommt, und die Hormone sagen ihm, es hält die Wahrheit in beiden Händen. Und da sagst du dann seelenruhig: „Ich bin anderer Meinung, aber gut, dass du es sagst"?

Wenn mir mein Vater gesagt hätte, gut, dass du das jetzt sagst, aber ich bin anderer Meinung, dann wäre ich wirklich wütend geworden. Aber Schluss jetzt, wir wollen ja keinen Ratgeber schreiben.

Immer, wenn wir an den Punkt kommen, dass wir etwas nicht wollen, beginnt das Gespräch zu stocken und wir schweigen ungefähr hundert Meter lang. Kein Blatt regt sich, eine Wolke steht schon lange wie angenagelt am Himmel. Es ist selbst im Schatten des Flakturms so heiß geworden, dass außer uns niemand mehr im Kreis geht. Die Mädchen biegen endlich um die Ecke, kennen den Heimweg, verlangen einen Schlüssel und ziehen davon. Der Jüngere hat ihnen Schnitzel versprochen und denkt schon an die Panier. Entsprechend zufrieden zeigt er sich mit der Ausbeute des Vormittags.

Abzweigen

Noch sei, meint der Ältere, seiner Rolle als Bedenkenträger gerecht werdend, nicht ganz klar, wie es weitergehen könnte, was zu tun ist, damit das Vorhaben gelingt. Auch er, meint der Jüngere, verliere manchmal den Faden, müsse sich immer wieder von neuem vergewissern, was wir da tun. Zum Beispiel, sagt der Ältere, frage er sich manchmal, wann in unserem Fall der Moment erreicht ist, an dem man sagen kann, das stimme tatsächlich, was wir da schreiben, *weil wir im Grenzbereich unterwegs sind. Unser Sprechen und Schreiben läuft zwischen Fakten und Fiktion hin und her, und das ist ein heikles Gelände, es ist das Gelände der Halbwahrheiten. Und genau deswegen müssen wir so genau wie möglich sein. Gerade weil wir Signale senden, dass einiges von dem, was wir schreiben und sagen, mit der Wirklichkeit übereinstimmt, vereinfacht gesagt. Das, was wir zwei machen, lebt ja auch davon, dass du mein Sohn bist und ich dein Vater. Unser Text ist voller Indizienketten. Du hast eine Tochter, ich habe eine Tochter und die laufen wirklich hier irgendwo rum. Da kannst du dir keine Erfindung erlauben. Wenn man sich an bestimmten Punkten eine Erfindung erlaubt, dann kippt man in die Fiktion, und dann macht man Literatur. Das machen wir aber nicht.*

Warum nicht?

Weil wir es nicht tun.

Müssen wir wirklich im Kreis gehen?

Ich glaube schon.

Muss der Indogermane tatsächlich Löcher in Zelte gemacht haben?

Ich bin überzeugt davon, dass er das getan hat.

Also, wir gehen jetzt zum Beispiel durch den Augarten.

Oder wir gehen eben nicht durch den Augarten.

Beides gleichzeitig geht nicht?

Mir ist es beim Spiel-Kapitel am meisten aufgefallen. Ich kann innerhalb einer Form befreiter denken. Es gibt eine Beschränkung, was die Wortanzahl betrifft, und eine Regel, an die du beständig denken musst, während du tatsächlich versuchst, aufrichtig zu sein. Gerade die Aufrichtigkeit verlangt nach einer Form, sonst ist sie peinlich oder wird zum Geständnis.

Das Geständnis ist auch eine Form.

Ja, aber nicht unsere.

Als ich dich gefragt habe, ob wir gemeinsam ein Buch schreiben wollen, sind mir mehrstimmige Texte vorgeschwebt, die im Austausch mit dem sind, was zwischen uns läuft und was rundherum passiert, in den Texten sollte etwas geschehen und sie sollten bemerken, dass etwas geschieht in der Welt.

Diese Vielstimmigkeit so zu sortieren, dass eine Erzählung dabei rauskommt, oder zumindest eine schlingernde Argumentation, das ist immer die Aufgabe.

Das ist wirklich, was wir tun. Wir schreiben das Buch gemeinsam. Und das hängt eng zusammen mit dem, was ich „vatern" nennen würde, oder was mich an der Vaterfigur interessiert. Man kommt zu zweit an das heran, wovor man Angst hat. Auf einmal befürchtet man doch, dass das Eigene zu sehr durch das Andere verändert wird. Und man bemerkt, dass man sich in diesen Momenten verteidigen möchte, was auch immer man da verteidigt, wenn man sich verteidigt. Und ich mag es zunehmend, wenn wir beim Schreiben in diese Momente geraten, und dass wir es dann wagen, uns trotzdem nicht zurückzuziehen, sondern uns weiter zu interessieren und behutsam mit den Wörtern, Gedanken und Unbeholfenheiten umzugehen.

Und was an unserer Konstellation stimmt und an unserer Beziehung, was wirklich stimmt, das wird in dem Buch natürlich nicht drinstehen. Das ist in Blicken zwischen uns, in Tonfällen, im Leben und in Handlungen. Das, was in dem Buch drinsteht, ist, was wir gemeinsam daraus machen.

Eigentlich schwebt mir ein zuneigungsvolles Schreiben vor, mit dir, und da habe ich die spürbare Gewissheit, dass Zuneigung etwas sehr Genaues ist. Das ist nicht einfach irgendwas. Und unsere Arbeit verlangt Perspektivenwechsel, also Fragen: „Wie siehst du das eigentlich? Was siehst du denn von dort?" Und es fällt mir nicht immer leicht, mich wirklich drauf einzulassen, dass du etwas, was ich erlebt habe, anders siehst oder benennst.

Mir geht es genauso.

Wenn du meine Eltern als unheimlich brutal und autoritär beschreibst, habe ich das Gefühl eines unvollständigen Bildes.

Gewalt spielt in unserer Gegend und in unserer Familie eine Rolle. Ich wollte das genauso deutlich ansprechen, wie es an anderer Stelle ausgespart wird. Mir ist es aber nicht darum gegangen, jemanden anzuprangern, sondern darum, zu zeigen, dass Gewalt nichts ist, wovon sich ein Mensch allein lösen kann, sondern immer nur viele und über lange Zeit hinweg.

Das ist eine wichtige Tätigkeit, nach Worten zu suchen, für solche Beobachtungen, zu fragen, wie man etwas nennen könnte oder wie man etwas ausdrückt. Politik ist auch ein Streit um Worte und um deren Bedeutung. Es ist nicht wurscht, wie man sein Kind nennt oder seine Eltern. Oder wie man etwas erzählt. Vom Vatern.

Ich kann sagen, dass ich schon länger diese Vermutung habe, dass wir aufgrund unserer Geschichte und aufgrund unseres jahrzehntelangen Miteinander-Lebens an einen Punkt gekommen sind, wo wir wirklich miteinander umgehen können, ohne dass einer von uns Recht haben muss. Wir können diskutieren, wir können streiten, wir können uns

Sachen erzählen, wir können Vater und Sohn sein, ohne dass es darum gehen muss, wer sich durchsetzt dabei. Wir sind schon nahe an das herangekommen, was ich als Liebe bezeichnen würde. Das fände ich schön, wenn das bemerkbar wird in dem Buch. Dann stimmt etwas im Buch, nicht, wenn wir jetzt genau hier am Ausgang vom Augarten stehen. Und wenn es mehr als 35 Grad hat im Schatten.

Also ein liebender Text.

Ja, und da finde ich es dann auch egal, ob das nun Literatur ist oder irgendwas anderes.

Das ist sehr schön und eigentlich nicht mehr zu toppen.

...

Wenn wir trotzdem weiterreden wollen ...

Man muss. Immer.

... dann müsstest du mich bitte zum Spar begleiten. Ich muss noch Eier kaufen.

Findest du eigentlich, dass wir, wenn wir ins Erzählen kommen, Anekdoten erzählen?

Ja, auch.

Na, servas.

Fahren wir eine Station?

Ich hab keine Maske mit. Findest du nicht, die Anekdote gehört zu den besonders verdächtigen Gesellen unter den Halbwahrheiten? Die lebt doch von dem, was schon richtig ist, irgendwie wirklich passiert ist, aber dann verschiebt man es, ergänzt es und dann wird sie weitererzählt. Das ist doch eines der Gegenwartsprobleme, dass es sich im öffentlichen Sprechen häufig nicht einfach um glatte Lügen handelt, sondern um diesen Grenzbereich, es ist schon irgendwas dran an dem, was gesprochen wird, aber vor allem stimmt es überhaupt nicht. „Irgendwas wird schon dran sein" – den Satz kann man sich einrahmen als Gegenwartsmotto. Schlagen wir nicht auch so eine Sprechweise vor?

Was mir an unserem Vorschlag relevant vorkommt, ist, dass unser Sprechen kein Kampf ist, dass wir hier auch nicht unsere Aggressionen verarbeiten.

Genug Leute suchen den Krieg in den Dingen, suchen wir halt die Friedensmöglichkeit.

Das klingt jetzt gefährlich nach Schlusswort.

Schluss zu machen fällt mir noch schwerer als anzufangen.

Es geht uns ohnehin ums Dazwischen. Was findet zwischen Menschen statt? Das ist unser Problem. Interesse heißt sogar wörtlich: dazwischen sein. Aber wo ist man dann? Einen Zwischenraum, den darf man sich ja nicht so vorstellen, dass da Person A steht und dort Person B, und dazwischen gibt's dann einen Raum. Sondern der Zwischenraum ist ja in einem selbst drin. Der verläuft quer durch die Personen A und B durch und nicht nur zwischen ihnen. Und ich finde, genau das ist der Raum, wo das Vatern hilfreich sein könnte.

Denn durch diese Zwischenräume schwimmen auch lustig die Meinungen hin und her?

Ja, Meinungen sind die Trägersubstanz, auf der das Wissen hin und her schwimmt, nicht nur von oben nach unten, sondern auch in alle Richtungen. Und unterwegs bleibt da oder dort etwas hängen.

Siehst du, und genau deswegen habe ich zu Beginn, als du mich gefragt hast, ob wir ein Buch über Väter schreiben wollen, gezögert, weil ich der Figur des Vaters in solchen Zusammenhängen rein gar nichts zugetraut habe.

Und ich trau dir alles zu. Weil ich dich immer schon dort stehen sehe, am Fenster, im Zwischenraum, sichtbar und verfügbar. Ich finde, du vaterst richtig gut. Ich wünschte nur, du würdest dort noch unbekümmerter stehen.

Der Vater war für mich eben hauptsächlich Ordnungsmacht.

Aber jetzt sprechen wir ja schon längst vom Vatern, wir suchen nach einem passenden Mythos. Was ich an Mythen mag, ist, dass sie beim Erzählen lebendig werden. Dabei darf etwas hinzugefügt und weggelassen werden, und es hat gar keinen Sinn zu fragen, was stimmt daran und was nicht? Mythen sind auch ohne Ursprung, so wie die Demokratie. Ein Mythos kommt jetzt gerade aus dir, und gleichzeitig aus allen Zeiten, aus allen Erzählenden, aus den Zwischenräumen. Mythen sind immer Sinnbild und Schnappschuss zugleich. Das finde ich endlos faszinierend.

Darf ich noch festhalten: Ich habe das Kompliment schon bemerkt. Ich bin nur zu verlegen, um darauf zu reagieren.

Wahrscheinlich wollte ich besonders lieb sein, weil du vom Schlussmachen geredet hast.

Kannst du dich an unser Anfangen, unser erstes Gespräch erinnern?

Klar. Der Trojanische Krieg.

Der erste Vater, an den wir gedacht haben, war die Figur Anchises.

Die Geschichte hat mich in der Schule schon gefesselt. Da wird ein alter Mann von seinem Sohn aus der brennenden Stadt getragen.

Das war dann für einige Zeit unser dramatisches Anfangsbild für das Buch: Troja, durch die List des Odysseus erobert, steht taghell in Flammen, der Tod stürmt von Haus zu Haus, es kommt zu schrecklichen Szenen, eine einzige Metzelei, Greise werden ermordet, Kinder zerschmettert, Frauen verbrennen, eine einzige Raserei und vielstimmiger Schmerz, zum Himmel steigendes Gebrüll. In diesem Chaos taucht die Heldengestalt des Aeneas auf, der seinen alten, möglicherweise gelähmten Vater Anchises – ich habe mir den immer altersdürr, mit weißen Greisenbeinchen vorgestellt – auf breiten Schultern durch die schon in Trümmern liegende Mauer hinausträgt. Auf offenem Feld sammelt sich nun die entronnene Schar, bereit zum „Aufbruch ins Elend", wie es heißt.

Und diese eigentlich Besiegten, die gerade noch aus der brennenden Stadt davongekommen sind, brechen dann auf …

… und gründen irgendwo und irgendwann die nächste Stadt: Rom.

So wird erzählt. Und dort gibt's die Wiederauferstehung von Trojas Königtum. Drei Generationen – Opa Anchises, Papa Aeneas, Enkel Ascanius – bilden die Kette, an die sich später einmal noch Caesar anhängen wird.

Irgendwo hier sind wir Richtung imaginäre Indogermanen abgezweigt. So war es wahrscheinlich. Und ich muss jetzt dann echt rauf.

Nur kurz noch. Am Anfang war dieses Bild von einem Vater, der gerettet werden muss. Der immer schwerer werdende Körper des alten weißen Mannes wird in die Berge getragen, bis er dann erschöpft von den Anstrengungen der Flucht in den Armen des Sohnes stirbt. Das ist ein zutiefst menschlicher Akt. Aber, ich habe mich von Beginn an gefragt, was genau denn da aus der brennenden Stadt geholt werden muss oder soll, sinnbildlich.

Du hast mich gefragt, ob immer etwas hinaus- und weitergetragen werden muss, und ob das ausgerechnet der Vater ist.

Weil es brennt, hast du geantwortet, sind wir auf dieses Bild gekommen! Und es brennt ja wirklich. Der Brand ist nicht bloß eine Metapher! Die Hitze, die brennenden Wälder, die in Asche liegenden Städte.

Aber es ist schon auch eine Metapher.

Ja, es ist immer alles gleichzeitig.

Was genau brennt, hast du mich dann gefragt. Die brennende Stadt – also die verbrennenden politischen Organisationsformen – ist

das nicht auch die von innen her zerstörte Öffentlichkeit, die hier-
archisch organisiert war, mit Verantwortung, mit Redaktionen,
Leitungsfunktionen, mit irgendwelchen Phantasmen von Bildung,
mit einer Art von Elite und Kultur und so weiter? Und all das vor
einem mehr oder weniger klaren Horizont der Wahrheit.

Ja, das gerät ins Wanken.

Aber, was wird da gerettet? Und was müsste man eigentlich retten?
Die Verantwortung? Und wenn ja, wofür? Der US-Kongress hat
Google und Facebook aus ihrer redaktionellen Verantwortung entlassen. Wollen wir jetzt den alten Vater zurück, der wieder Ordnung in
die Öffentlichkeit bringt, der auf den Tisch haut, damit nicht alle
durcheinander sprechen? Und dann haben wir gesagt, okay, vielleicht
ist es doch eher die Idee der Verantwortung, die aus der brennenden
Stadt in die neu zu gründende getragen werden muss. Und da stehen
wir jetzt. Ich würde sagen, Verantwortung heißt, dass man nicht auf-
hört, sich zu interessieren. Das ist Verantwortung.

Ja, weil man kann seine Arbeit verlieren, seinen Mut oder den
Hausschlüssel. Aber, dann hat man immer nur irgendwas verloren.
Aber, wer sein Interesse verliert, der hat alles verloren.

Den Schlüssel haben die Mädchen.

Ah, danke.

Du musst panieren gehen, aber darf ich noch ergänzen: Es ginge
darum, sich immer weiter zu interessieren auf dem schwankenden
Boden der Demokratie, von der alle Welt sagt, dass man in ihr kaum
noch zwischen Richtigem, Falschem und Gefaktem unterscheiden
könne, und zwar weil die Hierarchie weg ist, die Macht der Eltern,
weil Papa am Mittagstisch nichts mehr zu sagen hat und wo man sich
nicht sicher ist, ob aus China nicht nur die Viren kommen, sondern
auch das nächste Gesellschaftsmodell ...

Weil China sagt ja, okay, den Vater oder die väterliche autoritäre Gewalt ersetzen wir durch ein Punktesystem, wo sozusagen dein Wohlverhalten von irgendwelchen Geräten gemessen wird. Das ist aber keine besonders schlaue Idee, das ist nur eine Technisierung von etwas, das eine kulturelle Figur, also eben auch ein Mythos war. Der alte Vater sieht immer noch alles, aber er ist jetzt ein blindes Computerprogramm. War dieser Anchises nicht auch blind?

Ich glaube schon. Meine schlichte These wäre, dass die europäische Idee von Verantwortung ist, dass man sie selber hat. Die demokratische Sache nimmt einem keiner ab.

Und man selber, das sind immer auch alle anderen. Im Zwischenraum spielt die Musik. Auf Interesse wollen wir das neue Europa gründen.

Man muss nur lange genug im Kreis gehen, dann wird die Sache rund: Interesse heißt dazwischen sein, Verantwortung heißt, dass man antwortet, also ist das, was gesprochen wird, vor einem da, andere sprechen immer vor dir. Demokratie heißt weitersprechen. Und zwar ohne Garantie. Wir wetten nicht auf die Existenz des allwissenden Vaters, sondern auf das veränderbare Wissen der Demokratie. Auf die Demokratie kann man nur wetten.

Auf den Unterschied, den es macht, wenn es sie gibt. So, aber Schluss jetzt.

Was machen wir mit dem Durcheinander, mit den Blödheiten, dem unglaublichen Schwachsinn, den leeren Messages, den Halbwahrheiten, der Un- und Halbbildung, Copy-and-Paste, den Plagiaten? Wie geht man um, mit dieser ganzen, völlig unübersichtlichen Soße aus Mitsprache?

Auf keinen Fall wollen wir all das durch ein Machtwort eliminieren.

Das ist aber schon eine Sehnsucht.

Sicher. Es wollen viel zu viele etwas sagen, wollen mit untauglichen Mitteln und mittelmäßigen Ergebnissen studieren, es sich richten oder es einmal den anderen so richtig zeigen. An jeder Ecke schwindelt sich wer hoch, tut so als ob, täuscht was vor. Das ist alles fürchterlich und manchmal möchte man brüllen: „Ruhe!" Damit man überhaupt noch hören kann, was interessant sein könnte, wenn man es denn hören könnte, bei dem Lärm.

Könnte man ein Loch in den Lärm machen?

Die Löcher sind ja schon da. Und wie man hineinruft, so tönt es heraus. Ich glaube, dass es sicher keine demokratische Idee sein kann, diese Löcher zu stopfen, indem man Foren und Plattformen sperrt. Und es wird ja auch nicht ruhiger, wenn man den Zugang zur Bildung, auf die Unis oder zum Hinaufkommen noch weiter erschwert.

Ja, es ist viel interessanter zu bemerken, dass es leicht geworden ist, von irgendwas eine Ahnung zu haben. Das war einmal mit unglaublichen Barrieren verbunden, und die sind weg. Du musst im Grunde nichts wissen, um Bundeskanzler oder Doktor der Philosophie zu werden, das ist eigentlich ein Fortschritt. Meine These ist allerdings, dass das häufig mit Gefühlen der Vaterlosigkeit verbunden ist, man sehnt sich zurück nach den echten Bundeskanzlern von früher oder nach der wirklichen Philosophie. Weil man nicht weiß, wie damit umgehen, dass auf einmal so viele Leute mit so vielem konfrontiert sind. Weil der Vater ihrer Phantasie immer noch sagt, das ist die Wahrheit und das nicht, und bei uns ist es so und nicht so. Und meiner Meinung nach müssten wir hier das Vatern entwickeln, hin zu, ja, das gibt's alles, es ist uranstrengend, es ist unübersichtlich, es ist laut, aber hab keine Angst davor.

Fürchte dich nicht.

So ist es. Der Lehrer war einer, der einen Vorsprung hat. Und dieser Vorsprung ist weg. Den Vorsprung kann man sich jederzeit selber beschaffen. Ich versuche den Schülern und Schülerinnen was beizubringen, rede vor mich hin, und dann weiß ich irgendwas nicht, stutze kurz, schon schaut jemand am Smartphone nach und weiß alles.

Ja, der Vorsprung im Wissen ist weg, aber nicht der Vorsprung im Leben.

Schluss mit dem Spiel: Ich seh, ich seh, was du nicht siehst, und das ist Bildung. Diese Form von Autorität ist weg und damit natürlich auch ganz viel Bedeutung. Was soll die denn wert sein, wenn sie jeder haben kann? Was hat es heute für eine Bedeutung, den Simplicissimus *wirklich gelesen zu haben, wenn man das Referat auch anders halten kann? Was macht es für einen Unterschied, einen Roman gelesen oder ihn nicht gelesen zu haben? Macht es einen sinnvollen Unterschied? Und ich spreche jetzt als Lehrer: Es ist in der Schule der Gegenwart völlig wurscht. Da zählt das Testergebnis.*

Vielleicht müsstest du deutlich machen, dass ein Roman ein Loch im finsteren Haus ist. Dass er viel mehr kann als irgendwelche Informationen liefern, die man haben sollte, um zu den Siegern zu gehören. Das wäre dann der Vorsprung im Leben.

Ja, du hast eine Biografie, bist ein Mensch, also kannst du nicht Recht haben, du kannst nicht ewig leben, du wirst krank werden, du wirst müde sein, du wirst verliebt sein, du wirst scheitern. Das wird alles passieren. Die Wissensgesellschaft verspricht, dass nur das Wissen fehlt, als gebe es das Durcheinander, das Leben nicht, die Löcher, die Abgründe, die Zärtlichkeiten, den Reichtum und die Armut, als wäre das alles nicht oder nichts. Wissen fehlt, Wissen, Wissen, Wissen, und wenn du dann alles weißt, dann hast du einen Vorteil. Und das stimmt einfach nicht.

...

Wir sind, in Wirklichkeit, völlig ratlos im Umgang mit dem vielen Wissen und mit den vielen Ahnungen und Meinungen. Wir fürchten uns davor, Unrecht zu haben, wir fürchten uns zu scheitern mit dem, wovon wir überzeugt sind, mit dem, was wir versuchen, mit dem, was uns wichtig ist. Wenn man das viele Wissen und diese Unmengen von Daten und diese Evidenzen und diese Weiterverbreitung von all dem, wenn man das zu bewältigen versuchen möchte, dann geht das nur, indem man die Angst vor dem Scheitern in was anderes verwandelt als Angst.

Wer hat das jetzt gesagt?

Ich bin nicht sicher.

Wir haben Angst davor, dass die Liebe zerbricht. Dass sich das Leben am Ende doch nicht gelohnt haben wird.

Genau. Das ist eine totale Angst. Aber hier kommt auch die ganze Schönheit der Demokratie zum Vorschein. Das Totalitäre darf nicht scheitern, es muss das Scheitern sogar komplett ausblenden und die ganze Zeit sagen: Ich habe aber Recht, ich habe aber Recht, ich habe aber Recht, bis in den fensterlosen Führerbunker hinein. Und die Demokratie sagt: Du musst nicht immer Recht haben.

Das ist überhaupt nicht notwendig, damit Gesellschaft funktioniert, und damit es Erfolg gibt, muss niemand Recht haben, das ist überhaupt nicht notwendig.

Nicht einmal dafür, dass Gesetze funktionieren, muss es jemanden geben, der immer Recht hat.

Weil es anders werden kann.

Weil es anders werden kann, aus hoffentlich guten Gründen.

Das ist der Punkt.

Hat der Harry Potter was gegen Parmesan in der Panier?

halb zwei

vatern

August – Oktober

amare di più

Körper

Lieber Hosea,

jetzt bin ich für ein paar Tage allein in der Wohnung, nur der Kater streicht rufend die Wände entlang, weswegen die Katze den Kopf hebt, um ihn gleich wieder auf die Tatzen zu legen. Er ist halt so. Die Balkontür sollte für die beiden offen bleiben, aber für Ende August ist es schon ziemlich frisch. Und wenn mir kalt ist, kann ich nicht schreiben. Und mit Ohrenschmerzen geht es auch nicht. Es gibt sicher jemanden, der mit kalten Händen und Füßen schreibt, die Körper funktionieren sehr verschieden.

Der Kater klagt lauter, die Waschmaschine rumpelt sich in den Schleudergang, die Katze kratzt an meinem Stuhl. Die Drahtbürste muss her, die Katzentiere wohl an große Annehmlichkeiten erinnert. Er fängt unter der Bürste sofort an wie wild zu schnurren, umpfotet meine Hand und schleckt mit seiner wunderbar rauen Zunge am Unterarm, sie hingegen wirft sich vor Glück mit dem Bauch auf den Boden und dann zur Seite. Für Wohnungskatzen ist die Welt ein Körper aus Weichem und Hartem mit einigen Futterquellen und Milchströmen, aber als Jagdgelände, in dem es da und dort zuckt und raschelt, bleibt sie eher blass. Jede Stubenfliege wird zum ganz großen Drama, so ist das in der domestizierten Mitte der Gesellschaft. Die Wäsche ist fertig und wartet.

Schreibende Körper verlangen nach seltsamen Mischungen von Bewegung und Ruhe. Wenn ich allein bin, hänge ich die Wäsche lieber auf. Kluppe für Kluppe habe ich das Gefühl, etwas Sinnvolles zum Alltagsgeschehen beizutragen. Ähnlich ist es beim Geschirrabwaschen, aber dabei fehlt mir, dass Teller nicht zerknittert sind und sie daher nicht wie jedes nasse Wäschestück glatt gebeutelt werden können, bevor man es aufhängt. Teller für Teller, Kluppe für Kluppe schleicht sich wieder an, was ich dir schreiben will.

Wir haben im Augarten – es war, wie sich mittlerweile herausgestellt hat, einer der heißesten Tage des Jahres – über Zuneigung und den damit verbundenen Perspektivenwechsel gesprochen, über das, was wir da eigentlich tun, über die Schönheit und Schwierigkeit beim Zusammenarbeiten. Erinnerst du dich? Es ging darum, wie kompliziert, auch wie schmerzhaft es ist, wenn du das, was ich erlebt habe, anders benennst und erzählst, als ich es für angemessen halte.

Du hast, ich muss noch einmal darauf zurückkommen, meine Eltern als unheimlich brutal und autoritär bezeichnet und diese Kennzeichnung damit begründet, dass es dir um ein deutliches Ansprechen der Gewalt in unserer Familie und Gegend gegangen sei. Ich fand damals, dass dein Urteil zu einfach ist und kein vollständiges Bild ergibt. Diese Begründung meines Unbehagens bringt uns nicht weiter, denn erstens gibt es keine vollständigen Bilder, sondern nur Perspektiven oder Linien, denen entlang man weiterziehen möchte, und zweitens stammt es mehr aus der Sorge, was jetzt die anderen, die meine Eltern nie gekannt haben, von ihnen denken könnten – und damit auch von mir. Ich bin es nicht gewohnt, dass mein Leben einsehbar wird.

Durch unsere Zusammenarbeit, durch die Art, wie wir uns dabei mögen, uns befragen und antworten, ist mir langsam klar geworden, dass mein Unbehagen tiefer reicht. Ich weiß, dass du über andere Eltern nicht so schonungslos urteilst, sondern sie lebendiger werden lässt, weil du sie trotz allem magst. Dein Urteil über meine Herkunftsverhältnisse mag richtig sein, aber es ist auch lieblos und ihm fehlt Freude und Schmerz.

Ahnen wir beide nicht längst, woher deine allzu kühle Genauigkeit kommt? Es fehlte an Gelegenheiten, also an offenen Fenstern, Türen, meinetwegen Löchern, um meine Eltern kennenzulernen, um sie auf verschiedene Weise zu sehen und von ihnen auf verschiedene Weise gesehen zu werden. Es wurde zu wenig erzählt. Oder wurde erzählt und dabei schlecht zugehört? Ich weiß es nicht.

Jedenfalls habe auch ich über das Leben meines Vaters erst mehr als 25 Jahre nach seinem Tod ganz entscheidende Dinge erfahren. Mein Bruder, der vielleicht zuhause besser zugehört und auch noch lange gründlicher als ich recherchiert hat, hat mir erst kürzlich erzählt, wie mein Vater 1945 mithilfe von Schleppern von Bayern nach Tirol geflüchtet ist. Das wusste ich. Dass er aber als 16-Jähriger aus einer durch zwei Bombenangriffe ziemlich zerstörten Kleinstadt geflohen war, das hatte ich mir nie klar vor Augen geführt. Er hatte keine Worte für Verwüstungen und nackte Ängste gefunden. Natürlich hatten sich manche Details angesammelt: wie dessen kleiner Bruder aus dem Bett gerissen worden war in der Nacht, um in den Keller hinunterzustürzen, wie seine Mutter fast durchdrehte vor Angst, weil eine der beiden Schwestern beim Bombenalarm nicht im Haus war. Dahinein mengte sich immer seine Erzählung, dass er als Jugendlicher eine Messerspitze auf seine Oberschenkelmuskulatur fallen ließ, ohne dass etwas passierte. Solche Dinge wusste ich, aber ich baute sie mir zu einer Familiengeschichte zusammen, in der zuerst eine Wohnung in einem vielleicht zitternden, aber letztlich doch stabilen bayrischen Haus gibt und dann eines in Tirol und bald danach mehrere Wohnungen da und dort und dann unsere in Spittal an der Drau. Da, am Balkon, habe ich ein Standbild des Körpers meines Vaters platziert.

Die Vorstellung vom Haus des Vaters als Teil eines Schutthaufens hätte mir – ich weiß nicht genau, warum – geholfen, mich ihm verbundener zu fühlen. Das Haus des Vaters meiner Mutter stand in Klagenfurt und wurde, wie du weißt, zerbombt. Die Bilder des Haushaufens hingen im Vorzimmer des an derselben Stelle wiedererrichteten Hauses. Von diesen Leistungen wurde häufig gesprochen, von der Geschichte meines Vaters nicht. Von der sibirischen Gefangenschaft seines Vaters nach dem Ersten Weltkrieg viel öfter. Dass dieser sich dorthin juristische Fachbücher schicken ließ, um in der vielbeschriebenen Kälte zu studieren. Dass es so kalt war. Dass die Atemwölkchen leise knisternd auf den Boden schwebten wie gefrorene Blätter im Spätherbst. Von Leistungen und Überwindungen war oft die Rede, von Verwüstungen nicht. Als mir mein Bruder diesen Juli von den Zerstörungen erzählte, saß deine kleine Halbschwester recht still daneben. Es ist wichtig, wie und wo man zu hören beginnt, um sich ein Bild von den Vorherkommenden machen zu können.

Lange Zeit hatte ich meinen Vater klar und deutlich nur als am Balkon alle Schuhe Putzenden erinnern können. Wie sorgfältig, nicht selten, wenn die Wanderwege schmutzig gewesen waren, wie geradezu verbissen er Tag für Tag, bei jeder Temperatur die Schuhsohlen aller Familienmitglieder mit der Kotbürste bearbeitete, das Leder einfettete und zuletzt jeden Schuh mit der zweiten, mit der schwarzen oder der hellbraunen, jedenfalls mit der weichen Bürste auf Hochglanz brachte, das lag in Stein gemeißelt in meinem Gedächtnis, zumal er ansonsten beim alltäglichen Kochen, Reinigen oder Herrichten wenig angegriffen hatte, also unwahrnehmbar blieb.

Was ich dir zu erzählen und mir klarzumachen versuche, ist, dass durch die Erzählung meines Bruders dieses Standbild nun in anderer Umgebung steht, nun putzt er die Schuhe auch in einer Bombennacht. Früher hatte ich oft das Gefühl gehabt, meine Geschwister oder ich könnten Schuhe sein, was auch nicht ganz falsch war.

Kürzlich, beim Abendessen auf unserem Balkon, kam, während ich eine sehr reife und kühle Wassermelone mit einem schweren Messer teilte, durch eine synaptische Laune das Standbild weiter ins Rutschen: Auch mein Vater, begann ich während des Schneidens zu erzählen, hat die Melone, deren Verzehr in meiner Kindheit ein sommerlicher Höhepunkt gewesen ist, mit dem Messer geteilt – so wie eben ich. Das Mädchen und die Frau haben mich seltsam berührt angeschaut, und ich habe aber nicht aufhören können zu erzählen: Und er hat für uns auch Mandarinen geschält, dann fein säuberlich, wie es seine Art war, alle weißen Fäden vom Fleisch gezupft, sodass eine Spalte so rein und weich im Mund lag wie später kaum noch einmal, und er hat zum Beispiel den einen der zwei auf den Berg mitgenommenen grünen, also teureren und besonders guten Äpfel mit dem Schweizer Messer gespalten, und er hat mitunter mit dem grünen Obstschäler für uns Kinder einen Stern aus der Orangenschale geschnitten.

Jetzt verbinden sich also in meinen Erinnerungen nicht nur Schuhbürsten und Messer zu einem neuen väterlichen Arsenal, das teilweise aus seiner Hand in meine weitergewandert ist. Ich sehe auch die unterschiedlichen Balkone, Wohnungen deutlicher, durch die ein sechzehnjähriger Junge schreitet, von einem bayrischen Schutthaufen bis auf diesen Wiener Balkon.

Der Körper des Vaters ist viele, etwa der flüchtende, der bürstende und der teilende Körper meines Vaters. Und eine, vielleicht eine typische väterliche Geste wiederholt sich. Wo etwas Ganzes war, teilte mein Vater es, er schnitt nicht nur das Obst, sondern teilte auch das Huhn, sein Gehalt, die Tage in Werk- und Sonntage, und er teilte auch aus, etwa Ohrfeigen und Schlimmeres, da hast du natürlich Recht, und er teilte zu, Schokoladestückchen von der großen Tafel, und zuletzt noch das Erbe. Zu diesem Bild hätte es gepasst, wenn er durch einen Schnitt auch die Mutter vom Kind getrennt hätte, aber die Zeit der Hausgeburten war in unserem Fall vorbei, und die Anwesenheit von Vätern in Kreißsälen noch nicht gekommen.

Kaum wähle ich den Körper als Ausgangspunkt, habe ich allergrößte Mühe, ein und dasselbe Individuum, den einen und zugleich typischen Vater, meinen Vater, zu erkennen, der schließlich nicht nur geflüchtet ist, gebürstet und geteilt hat. Statt sich vervollständigender Bilder, die den einen Vater auf angemessene Weise zeigen, bleiben grundsätzlich Flicken, Wiederholungen, Linien.

In einem anderen Bildausschnitt besteigt er schnell – immer ohne zu keuchen und der Familie voran – einen Berg. Als ginge er nicht nur voran, sondern wollte auch davonlaufen. „Renn nicht so", rief die Mutter. Das ist natürlich typisch, ein festgefahrenes Sechziger-jahre-Bild, aber das folgende Detail vielleicht weniger: Ich wurde, wenn es heiß war und er die Stutzen hinuntergerollt hatte bis zum Bergschuhrand, auf den schmalen, steilen Steigen von der Muskulatur seiner sehr schlanken, sehr weißen und unbehaarten Waden knapp vor meinen Augen beinahe magisch angezogen und rannte ihm hinterher. Ich glaube, ich bin ihm als Wanderndem wirklich gefolgt – und das nicht im Sinne der ansonsten üblichen Folgsamkeit.

Habe ich dir jemals erzählt, dass ich einmal mit ihm in Tirol als Elf- oder Zwölfjähriger, übrigens ganz nahe an der Stelle, wo er 1945 illegal die Grenze übertreten hatte, fünf, sechs Kilometer eine Straße entlanggelaufen war, weil uns ein heftiger Regen überrascht hatte, nachdem wir auf einer Wiese einige schöne Parasole gefunden hatten? Einen Plastiksack voll großer Pilzhüte. Davon habe ich dir nicht erzählt, ich weiß, und das ist mein Versäumnis. Ich hätte das machen sollen, weil mein Vater, dein Großvater, wegen seines angeborenen Sehfehlers nicht nur keine Bälle fangen konnte. Er wollte auch nicht laufen, aber schnell, sehr schnell gehen schon. Die Kilometer im Regen waren ein Wunder. Er lief mir, ich erinnere mich genau, weil es sich sehr gut angefühlt hatte, nicht voraus, sondern nach, aber mit mir. Nebeneinander ging nicht, nicht nur wegen des zu schmalen Straßenrands.

Mir geht es nicht darum, Erinnerungsbildchen zusammenzukleben, um ihm doch noch gerecht zu werden. Aber ich bin überzeugt, wir würden einen Fehler machen, wenn wir die vaternde, die indogermanische Spur nicht überall, nicht auch bei meinem Vater aufzusuchen versuchten. Pudelnass war er jedenfalls damals und lebendig, die Parasole teilweise Matsch.

Es fällt mir immer leichter, meinem Vater, der ansonsten eine Mischung aus römisch-tirolerischem Juristen und christlich-sozialem

Josef gewesen sein dürfte, einige indogermanische Gene zuzusprechen. Kaum sehe ich seinen Körper deutlicher, kaum wird es körperlicher zwischen ihm und mir, wird er lebendiger und ich froher. Dann hört er auf, ein Wesen zu sein, das auf bestimmte Eigenschaften festgelegt werden könnte.

Tätigkeiten sind materiell-semiotische Gesellschaftstänze, ein körperliches und Zeichen gebendes Gewusel. Das klingt jetzt abstrakt, ich weiß. Aber es ist wie immer ganz einfach. Erinnere dich an die Parasole: Wir stapften über die Wiese, ich hob damals die Füße sicherlich auf betont sichtbare Weise, weil ich mir vorstellte, dass Indianer nicht schlurfen, sondern leise schreiten, und er ging voran, hoffte vielleicht, diesmal ein Reh zu sehen oder vielleicht die Schatten seiner Flucht vor nun schon mehr als 25 Jahren zu vertreiben, dann entdeckte er die zwei abgeflachten braunen Halbkugeln, beim Näherkommen braun-weißen Schirme, die beinahe über der Wiese schwebten, steuerte auf sie zu, ich wusste zuerst nicht, warum er die Richtung wechselte, er bückte sich, nahm sein Messer und trennte den Hut vom Stiel, dann richtete er sich auf, schichtete im Plastiksack behutsam Hut auf Hut.

Das ist ein körperlicher Akt, der zugleich mitteilsam oder bedeutsam ist, weil er sagt, schau, Sohn, der Pilz ist essbar, er ist es wert, in den Sack zu wandern, die Wiese ist es nicht. Obwohl sie, wiederum aus anderer Perspektive und mit einem Fotoapparat statt einem Messer in der Hand, in den letzten Sonnenstrahlen aus der blauschwarzen Gewitterwand beinahe glühte. Etwas zu tun und etwas damit zum Ausdruck zu bringen, das sind zwei Perspektiven auf ein und dasselbe Geschehen. Lieber Hosea, wir haben herausgefunden, dass das zu unserer Idee vom Vatern gehört. Ich freue mich, dir davon schreiben zu können, dass Ideen zugleich Körper sind.

Und der Haushalt ist auch kein Gedankending, sondern besteht aus dem, was von und für Körper getan wird. Ich brauch dir nicht zu sagen, dass die Wäsche zu stinken beginnt, wenn sie einen Tag lang in der Maschine vergessen wird. Katze und Kater beobachten mich, das Klappern der Tastatur hat ihr Dösen nicht gestört, aber jetzt kommt kein nächster Satz mehr, das wissen sie scheinbar vor mir. Und ich weiß, dass sie mich gleich maunzend zur Waschmaschine begleiten werden.

Dienstag

Lieber Hosea,

ich soll dir liebe Grüße ausrichten. Deine Halbschwester ist gut in ihrem Reitcamp angekommen, und meine Frau arbeitet von einem Hotel aus im Homeoffice. Homeoffice geht von überall aus, sagt sie in gegenwartsdiagnostischer Absicht.

Ich kann mein Hierbleiben nur damit rechtfertigen, dass ich in vertrauter Umgebung – und wenn ich nicht den Funken an mitmenschlicher Verantwortung trage – am besten schlaflos sein kann. Ich freue mich auf das lange Liegen im städtischen Halbdunkel, die innere Ruhelosigkeit, die ewig gleichen vorüberschwebenden Satzpartikel und Fragezeichen und das Warten auf die erste Straßenbahn des Tages, die das Haus zittern lässt. Ich werde zum invertierten Säugling, der mindestens zwanzig Stunden wach liegt und hockt und torkelt. Das morgendliche Schwanken zu den Schüsseln und zum Katzenklo oder mein Murmeln und Murren bis in die Abendstunden, das ist allerdings für andere unzumutbar. Vorhin bekam ein Freund meinen Zustand zu spüren, aber dich lässt er ebenfalls sehr herzlich grüßen. Seinen Fragen bin ich ausgewichen, nur damit ich mich heute einer anderen – der nächtlichen – stellen kann.

Inwiefern ist der vaternde Körper ein geschlechtlicher? Die Bilder von gestern scheinen diesbezüglich sehr konventionell. Es ist ein

Mann, von dem ich dir erzählt habe. Ich hätte es mir diesbezüglich leicht machen können und stattdessen Geschichten von meiner Tante, der väterlichen Schwester, die ebenfalls dem bayrischen Schutthaufen entstiegen ist, erzählen können, etwa von deren Art zu rauchen, Bücher zu verschlingen, mir die ersehnte Pistole zu kaufen und mit mir Tennis zu spielen, die also mein zu enges Leben jeden Sommer verlässlich löcherte. Aber ich möchte auf etwas anderes hinaus und lasse – weil die Angelegenheit vielleicht etwas heikel ist – gerne dem vor zwei Jahren in hohem Alter verstorbenen Philosophen Michel Serres den Vortritt.

Am Muttertag des Jahres 2008 äußerte er in der französischen Radiosendung *France info* den Gedanken, dass es zwei körperliche Grunderfahrungen gebe: einerseits die Mutterschaft, definiert als Tatsache, aus sich einen Körper geboren zu haben, und andererseits den Rest, definiert als diejenigen, die das nicht gemacht haben. Er lehnte sich in dem kurzen Gespräch tatsächlich so weit aus dem Fenster, dass er nicht hinunterfiel, sondern ins Freie flog: Er gehe davon aus, dass es nur diese zwei Geschlechter gebe, auf der einen Seite die Mütter, auf der anderen die anderen. Er äußerte dann – auf skeptische Nachfragen seines Gesprächspartners hin – kein weiteres Interesse daran, davon aus- und darauf einzugehen, dass es männliche und weibliche Wesen gebe und sah keine weitere Notwendigkeit für die Bezeichnungen Mann oder Frau.

Mir wird gerade schwindlig, weil ich dich gestern nicht nur auf die Parasolwiese, sondern heute auch noch auf das Minenfeld der Bezeichnungen und Geschlechteridentitäten locke. Allerdings nicht, um den vielfältigen Beziehungen zwischen den Bezeichnungen „Frau", „Mutter" und „Gebärende" nachzugehen. Wir haben genug damit zu tun gehabt, den Vater vom männlichen Geschlecht zu lösen und außerdem vom Vatern zu unterscheiden.

Wir können uns aber nicht darum herumdrücken, eine sehr körperliche Grenze zu markieren: Zu vatern heißt unter keinen

Umständen zu gebären! Wir alle sind Geborene, aber wir sind nicht alle Gebärende.

Schon öfter haben uns Mitdiskutierende gefragt, wo denn die Mütter in diesem Buch blieben. Wie denn das möglich sein solle, von Vätern zu sprechen, als hätten sie keine spezifischen Beziehungen zu den Müttern. Nun, das Buch handelt erstens von den anderen. Vom Rest, wie Michel Serres es so charmant formuliert hat. Und wir konzentrieren uns zweitens auf deren Verhältnis zu den nachkommenden Geborenen. Und drittens schlage ich vor, es bei der Bezeichnung „Gebärende" zu belassen, weil es um den Unterschied zu den „Geborenen" geht. Auf diesen Unterschied würde ich wetten, auf den zwischen „Mann" und „Frau" eher nicht.

Die, von denen wir sprechen, gebären nicht, wollen oder können es nicht. Nicht zu den Gebärenden gehören zu können, hat mitunter herzzerreißende, das Leben ruinierende Gründe, wir vergessen das nicht. Die Verzweiflung derer, die nicht gebären konnten oder können, müsste viel besser gehört werden, deutlicher, lauter. Die Annahme, in einer schmerzfreien Gesellschaft leben zu können, ist Geburtsvergessenheit und die Verleugnung des Wunsches, aus dem eigenen Körper heraus ein körperliches Wesen zur Welt zu bringen. Und ebenso wichtig erscheint es mir, denen zuzuhören, die zum Rest gehören wollen, der nicht gebären kann oder will. Gebären zu müssen – man muss es wohl immer noch betonen – hat schon viele Leben zerstört.

Wir schreiben als die anderen und müssen als Vaternde auf die Entscheidung der Gebärenden und dann auf die von ihnen auf die Welt Gebrachten warten. Wir beginnen zu diesen anderen zu gehören, sobald wir anerkennen, dass es Geborene gibt – und zwar ohne unser Zutun!

Wir teilen mit vielen die Meinung, dass es die Nacht nicht gibt, in der Kinder gezeugt werden. Die Nachkommenden werden zuerst geboren, und dann bezeugt. Auch der römische Vater, dem wir schon mehrfach in die Suppe spucken wollten, hat sich als Zeugender nicht wichtig genommen. Du hast ihn bereits in deinem ersten Brief abserviert, aber es lohnt sich, ihn noch einmal kurz bei seinen Aktivitäten rund um die Geburt zu beobachten. Man kann nur staunen über das damit verbundene Körpertheater.

Seine Bühne ist das Vaterhaus, es ist väterlich vor jeder Geburt. Wir sehen in einem der Räume eine Gebärende, die auf einem Stuhl mithilfe einer Amme ein Kind herauspresst und dabei überlebt oder stirbt. Die Helferin legt es dann, wenn es denn lebt, auf den Boden. Das Kind wandert zumindest von einem weiblichen Körper in die Hände des nächsten, aber schon die Zweite beugt sich – was bleibt ihr auch anderes übrig, als sich zu beugen – und legt das Kind ab. Und nun tritt der Herr auf und hebt das Kind zum Zeichen der Anerkennung zu sich hinauf. Oder er hebt es nicht auf, dann hebt es vielleicht ein anderer auf. Oder niemand. Dann bleibt es liegen. Vielleicht nimmt es doch noch ein Sklave. Vielleicht nicht. Der Boden ist rechtlose Sphäre, die weiblichen Körper sind bloße Natur, Wiese – das Kind ist der Parasol oder nicht.

Die Wahl, einen Körper zu sich hochzuheben, damit es Kind wird, beruht auf der Interessensabwägung des *pater familias*. Körperliche Mängel des Neugeborenen, mitunter die eigene Affektlage, vor allem aber das Machtkalkül und ökonomische Gründe fallen ins Gewicht. Vielleicht wird ein anderes irgendwann von größerem Interesse sein. Aufheben und liegen lassen muss man können, was zu weich dafür ist, soll härter und genauer werden. Die Erziehung zum Vater nehmen Ammen, Ernährer, Sklaven in die Hände. Ein römischer Vater wird man nicht, weil man empfindsam oder auf irgendeine Weise mit einem kleinen Körper natürlich verbunden ist, sondern weil man über den eigenen Tod hinaus Verantwortung für seinen Namen und Haushalt zeigte. Ein Haushalt besteht aus allem, was der Vater zu sich hochgehoben hat, der Rest kann unsichtbar bleiben. Der römische Vater verachtet den ägyptischen, germanischen und jüdischen, weil diese wahllos alles aufheben, was geboren worden ist.

Die Körperaktivität des römischen Vaters ist so machtbewusst wie simpel, eine einzige vertikale Aktion, wenn ich richtig gezählt habe, aus absolut sicherem Stand. Wie aus dem Nichts wird ein Körper gehoben, wird etwas Besonderes. Dem alltäglichen, unwichtigen Einerlei von Freuden und Schmerzen wird etwas entnommen und als Eigenes markiert. Der Körper des Neugeborenen scheint von sich aus nichts zu wiegen, sondern erlangt sein Gewicht erst durch das Aufheben, erst dann wird er zu einer Angelegenheit von einiger Wichtigkeit.

Du kannst dich sicher an ähnliche Hebefiguren erinnern. Wer sind deiner Erfahrung nach die, die ihre jauchzenden Kinder demonstrativ hochwerfen, hoch – nieder, hoch – nieder? Ich habe es auch getan, Anfang der achtziger Jahre mit dir, und dann ließ ich noch einmal dreißig Jahre später deine Halbschwester fliegen, mit großer Freude und mit sehr viel jubelnder Anerkennung durch das glucksende, manchmal sabbernde Mädchen. Aber was habe ich da eigentlich getan? Wer sind die, die Kinder hoch oben auf den Schultern tragen? Hinauf, hinauf ... Geht es um die Einsetzung der Thronfolger? Hochwerfen, noch höher – um was genau damit zu zeigen? – und dann natürlich fangen. Manchmal den Kinderkörper um Bruchteile später fangen, ihn etwas länger fallen lassen, noch knapper zum Boden hin. Will ich zeigen, wer hier das Fangen hat? Ich kann dich hochwerfen, ich kann dich fangen, ich kann dich auch fallen lassen. Mein römisches Erbe?

Die väterlichen Körper scheinen auf Außergewöhnliches abonniert, müssen etwas Aufstrebendes errichten, sie skandieren das Tragen des Kinderkörpers, das Vor-sich-her-Schieben oder Hinter-sich-her-Ziehen durch Hochwerfen. Der väterliche Körper war, so hatte ich ihn erlebt, Unterbrechung, auch schmerzhafter Einbruch oder Überfall, war Einschnitt, zuständige für Diskontinuität, für Anfang und Ende. Machtwörter, große Würfe kamen aus Machtkörpern.

Wer sind die, die nichts so sehr scheuen wie die Mühen der Ebene, die horizontalen Aktivitäten der Adoption? Es sind die, die so agieren, als hätte ein kleiner Körper kein Gewicht. Als wäre ein neugeborenes Kind eine Idee, die erst durch den Vater wirklich wird.

Mehr konnte ich heute nicht fragen. Bis morgen!

Mittwoch

Lieber Hosea,

ich mag sehr, dass du wie nebenbei kochst. Wenn ich bei dir in der Küche stehe, spüre ich, dass du täglichen Umgang mit Lebensmitteln hast. Du musst dich nicht auf jeden einzelnen Arbeitsschritt konzentrieren und legst auch kaum was auf die Waage. Weil du es im Gefühl hast, wie man so sagt. So viel von diesem, so viel von jenem. Dein Gefühlswissen prägt zugleich die Tonlage, in der du dich unterhältst, während du kochst. Wer gleichzeitig kocht und spricht, spricht ausgewogener. Friedlicher. Macht zumindest Pausen. Sprechen – ich meine nicht die Befehle in den Küchen großer Betriebe – und Kochen miteinander zu verbinden, erscheint mir wie der Inbegriff des Sozialen. Das habe ich mir vorhin gedacht, während ich mir Reis gekocht habe, um was Warmes in den Magen zu bekommen. Man kann dem Sprechen anhören, ob jemand zugleich etwas tut und mit welchen Körpern er umgeht, mit welchen Gewichten und Wichtigkeiten. Auch das Gefühl für das Eigengewicht des Säuglings entsteht wohl kaum durch die römische Aufhebung, von der ich gestern versucht habe, dir ein Körperbild zu vermitteln.

Gewicht hat, messtechnisch betrachtet, was gewogen wird und was man wiegt. Der Moment ist gekommen, wo ich Waage von Wiege deutlich unterscheide. Man hört manchmal die Klage: „Das hängt sich auf die Dauer ganz schön an." Die Waage zerstückelt die Zeit und misst im Moment, sequenziert Gewichtszunahmen. Was sich aber anhängt, wird allmählich, oft sehr langsam, schwer und nicht selten zu schwer. Gemeint ist damit das zunehmende Gewicht des Säuglings als Ergebnis vor allem horizontaler Umgangsformen mit ihm, wie sie typisch für die Wiege ist. Das Hin und Her ist kaum unterscheidbar von den damit verbundenen unzähligen vertikalen Einschüben. Der kleine Körper wird von lebendigen Wiegen getragen, kurz zur Beruhigung am Popo hochgeschubst, jedenfalls überallhin mitgenommen, er hängt am großen Körper, oft während des Kochens seitlich mit gespreizten Beinen oder beim Einkaufen vorn an der Brust und hinten am Rücken in einem dafür vorgesehenen Sack. Die Pflege des Körpers in kreisförmigen Bewegungen, bei denen streichelnd Flächen hergestellt, Wohlfühlbahnen über den Körper gezogen werden, dann wieder das Putzen, Bügeln und Kochen, Rühren und Streicheln. Der gesamte Haushalt scheint mir eher eine horizontale Tätigkeit zu sein, nichts wird errichtet, kein Turmbau wie im Ausnahmefall des gemeinsamen Spielens, sondern ein ständiges Durchstreifen und Löchern des Alltags, sodass große Körper am Abend „geschlaucht" sind, fix und fertig von der Unsichtbarkeit dieser Tätigkeiten, die ein anderes Wort für das Private ist. Man müsste es empirisch überprüfen können, ob Väter, wenn sie mehr Zeit mit und für ihre Nachkommen haben, langsam damit aufhören, diese in die Höhe zu werfen.

Lass mich noch einmal zu der Szene zurückkehren, in der ein Kind geboren wird. Wir leben nicht mehr in Rom, und die Väter wollen längst anderes machen, während und kurz nach der Geburt. Sie können und wollen dabei sein, das ist schön. Um welche Wahrnehmungen genau geht es dabei? Du hast die Rolle, die du bei der Geburt eingenommen hast, schon exakt damit charakterisiert, dass sie im Dunkeln bleibt.

Das Vatern beginnt nicht vor und auch nicht während des Schnitts durch die Nabelschnur, sondern danach. Anders als der römische Vaterkörper beginnen die vaternden Körper, von denen wir sprechen, in größter Passivität. Auch wenn deine Geste, dir das Hemd vom Leib zu reißen, um die Neugeborene zu wärmen, deutlich sichtbar erscheint, so ist sie doch Reaktion, keine Hebefigur. Es geschieht etwas mit den vaternden Körpern, und sie haben nichts dazu beigetragen, dass es hier und jetzt zu einer Begegnung mit einem neuen Menschen kommt. Es ist ein neuer Mensch, auf den wir antworten.

Wir wissen zu Beginn unseres Vaterns buchstäblich nichts. Wir sind als Vaternde niemand und erst im Entstehen. So unberührt bekommen wir nun ein winziges Gewicht in die Hände gelegt, das aber schwerer wiegt als jede Symbolik. Und wir können noch gar nichts, haben keine Ahnung vom Gebrauch vaternder Hände. Das ist ein entscheidender Moment!

Vatern beginnt muskulär und als solches bedeutsam: Muskeln und Sehnen antworten Muskeln und Sehnen. Haut zu Haut. Ich bekomme dieses winzige Wesen in die Hände gelegt und habe keine Ahnung, wie es dann halten.

Diese Ungeschicklichkeit bezaubert mich, diese Fremdheit. Wie beim allerersten Tanz, von dem man nur träumen konnte. Das ist keine römische Szene mehr, sondern eine Welt, in der größere Körper auf mit Gewicht und Eigenrechten ausgestattete kleinere antworten, in der zwei Hände vielleicht eine Halbkugel bilden, in der ein kleiner Kopf liegt. Das ist die Welt, in der im Lauf der nächsten Tage in den größeren Körpern Höhlungen, sichere Zonen entdeckt werden, sodass es mitunter erscheint, als schwebe der kleinere. Vaternder und kindlicher Körper bilden zusammen einen größeren, der mittels neuer Bewegungen und Ruhezonen beschreibbar wird.

Ich habe dir, glaube ich, schon von einem afrikanischen Ritual erzählt, bei dem kurz nach der Geburt alle Öffnungen des kleinen Körperchens sorgfältig geweitet werden, um es empfänglicher zu machen für die Erde. Was mich dabei rührt, ist nicht die Symbolik des Akts, sondern das damit verbundene körperliche Wissen, diese Sorgfalt. Und diese Idee von Öffnung und Weite. Vielleicht handelt es sich bei der Herstellung von Löchern unter mikroskopischer Betrachtung – eine Einstellung zum Körperlichen, die mir zukunftsträchtiger und plausibler erscheint als das Hantieren mit zu großen Figuren – um ein Weiten schon vorhandener Öffnungen. So, wie das fiebernde Kind manchmal selbstvergessen in einem winzigen Riss in der Tapete oder einem Mottenlöchlein im nassgeschwitzten Bettzeug herumzubohren beginnt – *umabuhrln* wurde das in meiner Kindheit genannt. Oder wie man eine kurze Pause im Sprechen eines anderen nutzt, um sich einzufädeln.

Am Tag vor deiner Geburt verabschiedete ich mich von deiner Mutter an der Tür zur Gebärstation. Nach sechs Stunden wurde mir nahegelegt, woanders zu warten, wo ich telefonisch erreichbar sei. Ich wartete in einem Studentenheimzimmer, das im Unterschied zu unserer Wohnung mit einem Vierteltelefon ausgestattet war, durch die Nacht und bis in die Morgenstunden auf den erlösenden Anruf, während deine Mutter Schmerzen, Erschöpfung, Hilflosigkeit durchlebt hat und zuletzt nicht mehr ganz bei sich war. Bis ich dich wenige Stunden nach dem Anruf des Arztes kennenlernen konnte, warst du für mich nur meine Vorstellungen, nur dein Name und einige beunruhigende und einige sehr beunruhigende Messdaten. Bis ich durch eine spezielle Vorrichtung meine Hände in den gläsernen Brutkasten gleiten lassen konnte, um dich zu berühren. Du bist am Rücken auf weißen Laken gelegen, und ich habe dich mehr gesehen als berührt, diesen kleinen, trotzdem recht langgestreckten Buben mit rötlich-blasser Haut und gefährlich viel Fruchtwasser in den Lungen, zu denen ein Schlauch führte. In diesen Momenten kann der große Körper kaum antworten, verkrampft sich in sich, das Geburtsgewicht ist eine amtliche Notiz, aber man kennt es nicht. Ich lege die Hand auf die mir zugewandte Stirn, noch vorsichtiger auf deine sich schnell hebende und senkende Brust, von der ich nicht weiß, wozu sie in der Lage sein wird, ob sie stark genug ist.

Es dauerte eine Weile, bis unsere Körper sich berührten, Haut an Haut, und ich erinnere mich sehr gerne an die Momente über der kleinen Plastikwanne, in denen ich kennenlernte, wie dein kleiner Körper auf der Handfläche hin und her rollt, sich dehnt und räkelt und freudig strampelnd die Macht über die Wasseroberfläche erfährt. Man bemerkt staunend, dass dieser Körper schwimmen könnte. Und ich habe – letztlich durch die körperliche Erschöpfung deiner Mutter – Gelegenheiten bekommen, mich stärker als damals üblich zu verwandeln. So war es dann oft ich, der dir die nächtliche Nahrung geben konnte, während sie unruhig schlief. Du hast im Halbschlaf getrunken – ich halte es für unmöglich, dein Köpfchen zu vergessen, wie es nach der Anstrengung nach vorne sinkt und nahe an meinem Hals wohnt – und ich habe dir zugeschaut und zugleich auch in Büchern gelesen und innerlich ein paar Ansprachen gehalten an die Welt, wie sie sein sollte. Zwei Körper entstehen parallel und wechselseitig, dein Kinderkörper und mein vaternder. Meiner zum Beispiel, aber schon bald haben dich mehr Hände gewiegt und für gewichtig gehalten.

Unter römischen Bedingungen – und noch bis Anfang des 20. Jahrhunderts – hätten sowohl deine Mutter als auch du die Geburt kaum überlebt, und als ich 2010 das zweite Mal dem Recht nach Vater wurde, wären mit einiger Sicherheit entweder die Mutter oder deine dem Recht nach Halbschwester während des Gebärens gestorben. Und 2008 wäre diese Mutter vielleicht während der Geburt eines toten Mädchens gestorben, das allerdings zehn Jahre später aufgrund neuer operativer Möglichkeiten, wie ich erfahren habe, leben hätte können. Damals wurde uns mitgeteilt, dass sich sein Brustraum nicht geschlossen hatte und das Herz außer ihm schlug, völlig vergeblich.

2010 war mein Körper nicht nur älter, sondern auch vaternder geworden. Knapp vor Weihnachten kamen wir sehr pünktlich im Krankenhaus an, der Termin stand schon seit Monaten fest, da die Geburt nur mittels eines Kaiserschnitts – *Sectio caesarea*, was für ein Name in unserem Zusammenhang und überhaupt! – gefahrlos zu bestehen war. Seltsam ist schon, wenn man rund um die Ankunft eines nächsten, eines unbekannten Menschen alle Schritte auf das erste Zusammentreffen zu im Voraus zu kennen meint: Wir aßen und tranken, was wir uns dafür ausgedacht hatten und was erlaubt war, trugen die Tasche, in der nichts fehlte, zur Straßenbahn gleich ums Eck, und setzten uns nebeneinander und hielten uns an der Hand. Wir wussten, wann ich dich benachrichtigen würde, dass du eine Halbschwester hast. Denn wir kannten ja auch die Uhrzeit ziemlich genau, wann sie auf die Welt kommen würde, wir wussten einiges über sie, ihr Geschlecht jedenfalls auch.

Um ungefähr 11 Uhr werden wir Eltern eines Mädchens geworden sein, so unvorstellbar wie zugleich völlig geplant. Ist es nicht unglaublich, auf wie vollständige Weise wir Rom verlassen haben? Obwohl Caesar angeblich auf vergleichbare Weise aus einem Körper gehoben wurde, gibt es gegenwärtig doch ein Geflecht von Händen und keinen kulturlosen Boden.

Während ein kleines und beruhigend scherzendes Team, durch einen Vorhang von uns getrennt, deine winzige Halbschwester aus dem Bauch der Mutter hebt, halte ich die mütterliche Hand, die nicht genau weiß, ob sie sich um die meine krampft oder wie die einer Schlafenden in meiner liegt. Wir sind ein durch den unhintergehbaren Unterschied zwischen Gebärender und dem Rest getrenntes Wir. Später wird sie erzählen, dass sie selbst als gerade werdende Mutter von ihrem gebärenden Körper durch einen Vorhang und durch einen Kreuzstich getrennt lag und zugleich die Frau war, in und mit der alles geschah. Dann hören wir den Schrei, lachen und weinen und die Mutter bleibt wie gefesselt liegen. Und ein weiteres Mal eröffnen sich für mich Momente, von denen ich nicht wusste, dass es sie gibt.

Eine Geburtshelferin wäscht und wiegt den kleinen Körper, wir sehen nur zwei Beine, die etwas starr in die Höhe zeigen, dann legt sie ihn mir in die Hände, nachdem sie ihn zuvor wenigstens ganz kurz an den Körper der Mutter gelegt hat, die in diesen Sekunden ein mütterliches Drama erlebt, das mir nicht zugänglich ist. Es hat etwas Gewalttätiges, als ich den Raum mit dem Neuankömmling im Arm verlasse und wir in einem kleinen Zimmer ganz allein und erstmals zusammen sind. Weniger unsicher als die ersten Tage mit dir, aber das sagt nicht viel. Ich kann lange Zeit mit dem Körperchen verbringen, dem ich, zuerst noch recht verlegen, fast fragend seinen Mädchennamen zugeflüstert habe, spüre sein Gewicht, seine Kleinheit, nein, Winzigkeit und Schwäche, aber dennoch das inständige Klammern, sein Einverständnis mit dem Weiterleben nach der plötzlichen Trennung von dem ihn umhüllenden, mit ihm verbundenen größeren Körper.

Diese Geburtsgeschichten wollte ich dir nochmals erzählen, wenn ich sie aufschreibe, kommt mir vor, dass jedes Wort schwerer wiegt, als würde ich zum ersten Mal darüber sprechen.

Den morgigen Tag nehme ich mir noch, bis dann.

Donnerstag

Lieber Hosea,

vier Tage sind schnell vorbei. Eigentlich kann ich am Abend nicht schreiben, aber heute bin ich in der Früh tief und fest eingeschlafen und habe dann zu Mittag die Wohnung geputzt, vor allem den Balkon sauber gemacht. Morgen soll das Wetter besser werden und wir können draußen essen. Alles ist eingekauft, um möglichst bunt beladene Teller auf den Tisch zu stellen. Früchte, Gemüse, Kräuter, Bratkartoffeln. Ich warte auf die beiden, mit ihnen zu leben ist meine Wahl, die Inseln der Schlaflosigkeit schweben vorbei.

Und jetzt freue ich mich auf das, was ich dir gleich schreiben werde. Ich trage es seit der Geburt deiner kleinen Halbschwester in verschiedenen Formen bei mir und kann es – das habe ich deiner Idee zu diesem Buch zu verdanken – nun freigeben.

Ich denke, dass die Körper – und gerade die Körper des Vaterns – aus Differenzen zu anderen entstehen, durch Differenzen wie größer/kleiner, stärker/schwächer, schwerer/leichter oder mehr/weniger. Durch sie beginnt das Trippelballett des Gebens und Nehmens, das aus beinahe experimentell eingenommenen Abständen und Berührungen besteht. Die Lust der Muskulatur, neue Antworten zu erfinden. Jede fast unmerkliche Bewegung des kleinen Körpers stellt eine weitere Gabe, Frage, Problemstellung, ich weiß nicht, jedenfalls etwas sehr Lebendiges dar. Und der große Körper antwortet, gleicht aus, stellt fast kippend ein neues Gleichgewicht her. Ein kaum sichtbares, aber gewaltiges Hin und Her kurz nach der Geburt, in dem die Körper gemeinsam entstehen. Es ist zu einfach zu sagen, dass dieses Kind atmet und du es auf den Handinnenflächen spürst.

Heute ist deine Halbschwester bald elf Jahre alt und langsam sind aus grundlegenden Unterschieden geringer werdende geworden, ich werfe sie nicht mehr hoch, sie reitet nicht mehr auf mir, sie hockt nicht mehr auf meinem Bauch und der eigene Körper hört auf, Höhle, Vierbeiner oder Landschaft zu sein. Nun lehnen wir uns bald auf Augenhöhe aneinander, sitzen uns fragend, erzählend, essend und murrend gegenüber, lesen nebeneinander, blättern uns durch Buchhandlungen und halten uns bei den Stadtgängen noch manchmal die Hand oder schlurfen durch Herbstblätterhaufen.

Damals, kurz nach ihrer Geburt, wurde mir überwältigend klar, dass ich erstmals einen solchen, gerade erst hier auf der Erde angekommenen Körper berühre. Meine Hände bildeten eine Halbkugel für den Kopf des winzigen Mädchens, ihre Füße stießen an meinen Bauch und ich bewegte meinen ihr zugeneigten, aber nicht zu sehr über sie gebeugten Kopf hin und her wie ein Bär, um mit ihren noch etwas haltlosen, aber völlig überraschend lange offenen Augen zu spielen, wie um etwas zu werden in ihrem Blickfeld, wobei ich nie wissen werde, was sie da sehen, wo nicht ich bin, wo auch kein Bärenkopf ist, sondern ein Körper in unklarem Zustand, der gerade ein anderer wird.

Ich denke, habe ich ihr gesagt, dass wir zwei uns jetzt gar nichts vormachen können. Die Hände, die Unterarme, auf denen du liegst, was du jetzt wahrnimmst, ist nicht mehr der Innenraum deiner Mutter, aus der du gekommen bist und der gerade in einem der Räume neben unserem vernäht wird. Die Welt, auf die du kommen wirst, gleicht einem Labyrinth.

Du wirst gewiegt und geschaukelt werden, aber das wird nicht der einzige Rhythmus sein, in den du hier bei uns geraten bist. Du wirst jetzt schon den Atem spüren, bald das Lauter- und Leiser-Werden mancher Gesänge, den auf- und abschwellenden Verkehr in den Straßen, am Himmel und unter der Erde, mein Summen, deinen Herzschlag, die anrollenden und sich verflüchtigende Zorneswellen, Maschinen, die Schläge vieler Herzen, das sonderbare Morsealphabet der Augenlider, den Wind in den Vorhängen und im Mobile, das wir für dich bereits aufgehängt haben, ich kann das nicht alles aufzählen, es ist, als hätten die Zeiten einen Pulsschlag. Du wirst den Sound des Immergleichen spüren und auf alles reagieren, was aufblitzt und was zu laut, zu viel ist, da wird dir nichts anderes übrigbleiben. Aber irgendwann wirst du es sein, die blitzt, stark ist und strahlt.

Für dich ist unser Aufeinandertreffen kaum so verzaubernd wie für mich, sondern von ungeheurer Plötzlichkeit. Das Leben, sagt eine Philosophin, von der ich dir erzählen werde, ist ein Fenster der Verwundbarkeit, es zu schließen, wäre ein Fehler. Es zu öffnen, ist schmerzvoll. Wahrscheinlich ist es für dich so hell hier, dass du nicht einmal weißt, dass es zu hell ist.

Manches wird zwischen anderen Körpern und dir übereinstimmen wie in einem guten Orchester, wie in einer Gruppe von Freundinnen und einer Schar von Vögeln, die den Himmel beschreiben, und einiges wird auch passen zwischen dir und der Erde, die aus unendlich vielen Körpern zusammengesetzt ist, zum Beispiel auch aus deinem und meinem. Die Natur ist allerdings nicht dafür gemacht, dass es uns gut geht und sie uns nützt. Vieles um und in uns ist von großer

Gleichgültigkeit, aber wir sind auch Ohren, Haut und bald hast du auch Augen, daher können wir fragen und antworten und sind nicht allein.

Sie hat längere Zeit seitlich hinter mich geschaut, wo nichts war, was ich kannte. Nun gut, habe ich versucht zu antworten, du willst mir sagen, dass ich nicht wirklich mit dir spreche, sondern ... Aber dazu fehlte ihr das Wort. Möglicherweise meinte sie, dass ich den Faden verloren und zu monologisieren begonnen hätte. Da hatten wir dann unseren ersten noch winzigen Streit. Was heißt es jetzt bitte genau, hat sie mich gefragt, dass ich da bin, obwohl du weiterredest, als wärest du allein auf der Welt?

Wir müssen darauf vertrauen, habe ich zu antworten versucht, dass unsere Körper mehr können, als wir beide jetzt verstehen, dass sie sich rechtzeitig bemerken und freudig ergänzen. Wir werden viele Entscheidungen treffen, zum Beispiel, dass ich jetzt spreche, zum Beispiel in ein paar Tagen, ob ich dich mit deinem Gesicht zu mir oder den Entgegenkommenden zugewandt vor der Brust trage, wo ich mit dem Kinderwagen abbiege, ob ich dich manchmal etwas länger schreien lassen werde, als du es magst, oder ob du nicht doch noch gerne etwas länger weitergeschrien hättest. Irgendwas wird immer zu viel sein oder zu wenig. Wir werden auch entscheiden, wo du in deiner ersten Wiese sitzen wirst, und ich werde dir nicht erlauben, Vögel aufzuscheuchen, sondern dich bitten, ihnen möglichst lange still zuzuschauen. Du bist in ein Leben geraten, das du dir nicht aussuchen konntest und für das du aber Interesse entwickeln könntest, so als hättest du es dir ausgesucht. Wir, die vielen anderen, auf die du treffen wirst, werden hoffentlich versuchen, die Entscheidungen, die dich betreffen, in deiner Anwesenheit zu treffen. Das bedeutet es, glaube ich, dass du da bist. Wir werden versuchen, dir zu antworten.

Mittlerweile telefonieren wir auch miteinander, gerade vorhin hat sie mir von den Pferden erzählt, dass alles gut läuft mit ihren zwei

Freundinnen. Dass sie beim Einschlafen den Kater und die Katze vermisst, weil die beiden üblicherweise die Treppe in ihr Hochbett hinaufschnurren, um sich für einige Stunden zu ihr zu legen.

Ich kann dir gar nicht sagen, lieber Hosea, wie sehr ich befürchtet habe, dass ich eines Tages eine Tochter haben könnte, die Pferde mag. Ich habe wieder einmal nur Vorstellungen gehabt und die Körper vergessen. Dann habe ich ihr zugeschaut, wie sie sich mit sieben Jahren zwischen und unter den riesigen Pferdeleibern durchschlängelt, wie sie ein kräftiges Pferdebein hochhebt, es abwinkelt und zwischen ihre Beine klemmt und dann den Huf auskratzt. Das könnte ich nie, aber ich habe gelernt, mich beim Zuschauen an einen Bretterzaun zu lehnen und den Geruch der Pferde einzuatmen. Instinktiv habe ich dieselbe Angst vor dem Tritt eines Hufs gegen ihre Stirn gehabt wie vor deinem Sturz aus dem Fenster.

Mittlerweile kann ich mit ihr sehr gut leise, wirklich sehr leise sein. Wir haben es vom ersten Tag an geübt. Und das hat möglicherweise auch mit dem Zeigefinger meines Vaters zu tun, den er an seine Lippen legte, um mir zu deuten, dass wir jetzt irgendwo in der Wiese stehenbleiben und uns nicht mehr rühren sollten, weil er glaubte, die Ohrspitzen eines Rehs gesehen zu haben. Wir haben nie eines gesehen, aber darum geht es auch nicht.

Als wir diesen Sommer in Griechenland waren und in der Früh zum Meer hinuntergingen, sahen wir noch im Wasser stehend in einiger Entfernung zwei flache braune Halbkugeln gemächlich auf uns zu schwimmen. Wir beschlossen, dass es sich um Schildkröten handeln müsse, und näherten uns so langsam, dass wir kaum mehr Wellen auf der spiegelglatten Fläche schlugen als die Vorderflossen dieser zwei Hügel. Schritt für Schritt näherten wir vier uns einander, mitten unter Schwärmen von Fischwinzlingen und in einem Meer, das wegen der selbst für Griechenland außergewöhnlichen Hitze übervoll mit Plankton war. Ich hatte keine Ahnung, wie man sich schwimmenden Schildkröten gegenüber verhält, also ein mulmiges

Gefühl, und sie nahm meine Hand. Nun, es waren zwei braune Quallen, wir waren etwas enttäuscht, doch dann beobachteten wir einige Zeit ihr majestätisches Schweben. So habe ich vom Leben mit einem Kind geträumt.

Falls du mir jetzt nicht glaubst, lieber Hosea, dass das bei ihrer Geburt, knapp vor Weihnachten 2010, exakt so gelaufen ist, zeigst du, wie so oft, ein gutes Gespür. In Wahrheit hatte ich mich noch viel ausführlicher mit ihr unterhalten. Du weißt ja, wie viele Seiten das werden, wenn man auch nur ein einstündiges Gespräch transkribiert. Ich habe also in Wahrheit stark gekürzt. Allerdings, das möchte ich um der Wahrheit willen hinzufügen, habe ich ihr das alles vorgesummt, genauso wie damals dir die nächtlichen Reden an die Welt.

Du hast mich mehrmals gefragt, ob ich finde, dass du zu wenig liest. Jetzt bin ich auf eine Antwort gestoßen: nur, wenn du den Nachkommenden zu wenig vorsummst.

Es ist spät geworden, bald wird es hell. Ich danke dir sehr für das Geschenk, mit dir arbeiten zu können. Und ich freue mich auf unsere nächsten Gespräche

dein Klaus

Freitag

Lieber Hosea,

ich war mir alles andere als sicher, ob man einem Pferd tatsächlich so wie oben angedeutet die Hufe auskratzt. Daher habe ich die entsprechende Passage aus dem gestrigen Brief deiner Halbschwester – sie lässt dich ebenso wie ihre Mutter herzlich grüßen – heute nach dem Essen vorgelesen. Sie ist daraufhin in ihr Zimmer verschwunden, um folgende Berichtigung und Präzisierung aufzuschreiben, die ich bitte weiterleiten soll:

Das Pferdebein zwischen die eigenen klemmen, das wäre gefährlich. Das Pferd würde austreten. Also: Du musst in Richtung Pferdepopo schauen. Wenn du auf der rechten Seite des Pferdes stehst, musst du dich, wenn du den Vorderhuf auskratzen willst, mit der linken Schulter gegen die Pferdeschulter lehnen, dann streifst du mit der Hand das Pferdebein hinunter, lehnst dich nun stärker gegen die Pferdeschulter und ziehst das Bein nach oben, zu dir heran. Dann fängst du an, den Pferdehuf auszukratzen, der Huf muss dabei wirklich gut festgehalten werden! Sonst zieht das Pferd den Huf zurück! Manche Pferde mögen Hufe auskratzen nämlich nicht so gerne! Während du also den Huf gut festhältst, musst du aufpassen, dass du dem Pferd nicht über den Hufstrahl kratzt! Denn das tut ihm weh! Du musst immer sehr darauf aufpassen, dass du nie vor dem Pferdebein stehst, sondern neben ihm! Denn wenn das Pferd zurückzieht, dann bekommt man das Pferdeknie in den Oberschenkel oder in den Bauch, je nachdem, wie groß man ist!

Sie hat es mir auch noch für die Hinterbeine erklärt. Alles geschieht zwischen den Körpern und in größter Genauigkeit.

Loslassen

Lieber Klaus!

Diesmal konnte ich keine passende Ansichtskarte finden. Beim Minimarkt gibt es zwar Sonnenuntergänge aus sechs Jahrzehnten, lustige Fischer, einsame Buchten, Welpen, Esel und sandige Hintern. Der Anblick mag erfreulich sein, mit Konserven will ich dich aber nicht abspeisen. In diesem Jahr des miteinander Denkens und Erzählens kommt nur Wahrhaftigkeit in Frage. Und das, was ich tatsächlich gerade sehen darf, gibt es als Motiv noch nicht.

Vor meinen Augen tauchen die Alpen auf, im klaren Horizont hinter Venedig. Die Nacht war voller Regen. In meinen Augen werden sich bald Tausende von Santa Lucia zum Markusplatz drängen, schlecht eingeschmiert, durstig, viel zu nahe an der Mittagshitze. Sie werden sich nach Schatten sehnen, so, wie ich das sehe, die Sonne steigt in einen wolkenlosen Himmel. Langsam trocknen die Steinplatten, muffige Erdfarben verdunsten zu hellgrauem Flirren.

Oder es wird ein schöner Tag. Und die Tausenden werden Sehnsüchte über die Kanäle tragen, großartige Wünsche und Begierden, von denen ich nichts wissen kann. In Wirklichkeit werden es wohl nur Hunderte sein. Chinesen und Amerikaner bleiben heuer aus, hat die müde Kellnerin erzählt. Jetzt lässt sie das erste Wasser durch den Brühkopf rauschen und ich warte an Tisch Nummer vier auf den Tag.

Im Hafen von Chioggia ist wenig los, nur drei Nachtschwärmer taumeln vom Vaporetto. Am anderen Ende der Lagune spielt die Musik. Gut möglich, dass sich die Schaulustigen dort heute überhaupt nicht drängen werden müssen. *Eine Pandemie ist ein günstiger Zeitpunkt, um Venedig zu besuchen,* denken sie vielleicht, schlendern gut genug eingeschmiert durch leere Gassen und haben Wasserflaschen dabei. Tun alle anderen Menschen sich leichter mit der Welt als ich? Dort drüben, dort geht die Wahrheit, aber hier kommt meine Version davon.

Unser gemeinsames Schreiben lässt mich nicht los, auch hier im Urlaub nicht. Das Vatern ist eine so schöne Erfindung, ich will mich nicht davon erholen, sondern immer weiter vatern und bevatert werden. Mich begeistert unsere Formel, nach der das Einzige, erst wenn es auf das Fremde trifft, das Eigene wird. Mit solchen Gedanken kann ich gut leben. Ich schlafe besser ein, seit ich im Wegsacken noch zwischen dem Einzigen und dem Eigenen unterscheide, still genießend, wie jede Befremdung des Tages an Schrecken verliert, wenn ich sie als Element meiner fortgesetzten Entstehung betrachte, zum Abendgebet. Dann prasselt noch Regen auf Plastikstühle und schon bin ich weg.

Nach zwei Wochen Italien träume ich sogar wieder. Heute Nacht von dir. Und von einem Baum. Den hatte ich vorgestern in Florenz gesehen, im Museumsshop der Uffizien, als Kupferstich in einem Bildband, oder es war ein Holzschnitt, ich weiß nicht, woran man den Unterschied erkennt. Da stand etwas vom *Baum des Wissens,* von *Gedächtnis, Vorstellungskraft, Vernunft* und in meinem Traum werden die Verästelungen naturgemäß lebendig. Rasant sprießen sie in alle Richtungen, verzweigen sich um Häuser herum durch die Gegend, das Meer rinnt als Pfütze am Stamm des Baumes ab, der sich über Gebirge hinweg bis in den Himmel erhebt. Und dann spazieren wir kerzengerade hinauf, du und ich, gleich sind wir am Mond. Um meine Beine wuselt Bruno herum, der Dackel meiner Kindheitsfreundin Julia. Ich weiß, man darf nicht auf seine Pfoten treten, weil er sonst beißt. Wir machen Rast auf einem doch schon recht dünnen Zweig und lassen unsere Beine endlos baumeln. Es ist wie im Kino. Da unten leuchtet ein blauer Planet, wir sind ziemlich weit gekommen. Bruno kläfft ins Universum. Das Universum bleibt stumm, oder hat da etwas geraschelt? Nein, hier oben ist gar nichts, ich fühle mich leer und mir ist kalt. „Wir können nie wieder zurück!", brülle ich, schon mit einem Bein auf der Mondoberfläche. Du reichst mir die Hand und sagst: „Hab' keine Angst." Bevatert gleite ich aus dem Schlaf, versuche Nacken und Unterleib zu entspannen, nehme allen Mut zusammen.

Vierzig Jahre bin ich schon auf der Welt, denke ich und ziehe die kalten Füße unter die zu kurze Decke, vor hundert Jahren hätte ich keine vierzig Minuten gehabt, ohne Brutkasten, ohne Medikamente. Meine viele Zeit hier verdanke ich einem Fortschritt, von dem ich lese, dass wir damit unsere Lebensgrundlagen zerstören. Wie löse ich meinen Zeitgewinn ein? Muss ich etwas gegen die Katastrophe tun oder nur die Lektüre wechseln? Und, warum lässt dieser Nacken nicht los? Nein, einen Gewinn kann man unmöglich maximieren, sei einfach froh darüber und behalte nichts für dich. Nimm dir alle Zeit der Welt und lass sie laufen. Morgenröte dringt durch meine geschlossenen Lider, das Prasseln auf dem Fensterbrett nervt. Jetzt nur nicht wach werden. Ich hatte von einem Baum geträumt.

Da war nicht nur eine Mondfahrt, da waren Blüten, Rinde, Blattwerk und die Lichtbrechungen in den Tautropfen darauf. Der Morgen blendet alles aus. Aber wie schaut man dorthin, wo kein Licht ist? Noch weiter werde ich die Augen nicht schließen können. Ich drücke mein Gesicht in den Polster, das penetrante Strahlen weicht einem Muster aus Lichtpunkten vor schwarzer Weite. *Herrgott nochmal, kann man denn nirgendwo anders hinschauen als in den Himmel?!* Ich spüre die Ohrstöpsel in meiner Faust.

Endlich werden die Lichtpunkte blasser, mein Atem ruhiger, milchige Nebel verziehen sich. Ich weiß nicht, warum, aber je schwärzer alles wird, desto klarer erscheint wieder der Baum. Träume ich schon? Jedenfalls geht es jetzt abwärts, den Stamm entlang, dem Erdboden zu, ich klettere nicht mehr, sondern grabe längst, ertaste Wurzeln, Käfer, feuchte Brocken, die Haut unter meinen Fingernägeln löst sich schmerzhaft, aber da ist auch Moos und da sind Pilze und ich tauche ein in ihren Duft, werde Teil des Geflechts und erstrecke mich mit ihm über die Welt. Nein, ich bin eindeutig wach. Ich denke nur. Aber was soll das heißen? Ein Mensch allein ist gar nicht denkbar. Alles, was ich denken kann, existiert nur, weil ich es nicht allein denke. Wo habe ich das gelesen? Ein Bewusstsein besteht aus Wechselseitigkeiten, aus Konstellationen und Zusammenhängen. Das wird sonnenklar, hier bei den Wurzeln, unter der Erde. Die Grenzen unseres Organismus verlaufen nicht an der Oberfläche des einzelnen Körpers. Ja, ich atme das Virus selbst ein, aber den Husten hat die ganze Stadt und jeder Landstrich ist auch ein Immunsystem. Ja, die Pillen wirken, aber wogegen denn genau?

Unseren Körper von unserem Geist zu trennen, ist sinnlos. Und wenn wir von *unserem* Körper sprechen, haben wir recht. Denn wir haben nur den einen. Er besteht aus unzähligen Wesen mit und ohne Zellkern, Tieren, Pflanzen und Bakterien. Sein Leben findet auf diesem Planeten statt und wir werden ihn niemals verlassen können. Wenn schnittige Milliardäre mit wirkmächtig inszenierten Abenteuergeschichten eine glorreiche Weltflucht samt Neubeginn auf dem Mars in Aussicht stellen, dann wollen sie von den toxischen Arbeitsbedingungen in ihren Konzernen ablenken. Nein, Erlösung ist keine Option. Aber, wir können unseren globalen Körper hier und jetzt so organisieren, dass er für den Planeten noch eine Weile tragbar bleibt. Und es wäre sogar relativ dringend. Je enger wir zusammenrücken, desto offensichtlicher wird, dass alles Leben vernetzt ist, mit oder ohne Smartphone. Oft blicken wir noch wissend ins Nichts, wenn Schmerzen anzeigen, dass Zusammenhänge uns bedrücken. Das kann nicht so bleiben. War das Bruno? Da war doch irgendein Schatten! Warst das du?

Dort, wo Licht ist, gibt es etwas zu sehen. Und Blüten sind schön, aber ein Großteil der Wahrheit liegt im Dunkeln. Die Biologie beschreibt ein Geflecht aus Sporen, Keimen und Wurzelwerk, über das Ökosysteme weltweit im Austausch stehen. Und der Mensch, als

Teil davon, ist über den ganzen Planeten hinweg verbunden durch Geschichten, unsere gemeinsamen Wurzeln liegen im Mythos. Im Erzählen bekommen wir unsere Füße wieder auf den Boden.

Das muss ich dir dringend sagen, mein lieber Klaus, aber du bist oben am Mond. Und schon stehe ich neben dir. Zum Glück ist der Dackel weg, aber sonst ist hier ganz schön was los. Ich weiß nicht mehr, wer genau mit uns am Mond war, aber sicher deine Eltern, unsere Kinder, deren Mütter, überhaupt die halbe Verwandtschaft, sogar die Urgroßeltern mit dem grotesken Größenunterschied, aber auch David Alaba und die Zeichentrickastronautin mit Füllhorn vom italienischen Rubbellos. Der Donauwalzer erklingt und die ganze Mondgesellschaft gleitet schwebenden Schritts über silbrige Ebenen, wir kreisen im Wellenschwung zwischen Kratern und Rillen, erheben uns in die Lüfte, aus dem Drehen wird ein Fallen, ich weiß noch, dass ich die Turbulenzen nicht als unangenehm empfunden habe, und dann landet links von mir jemand auf der Erde. Plumps.

So bin ich heute aufgewacht. Und Schluss war es mit der Allwissenheit. Das Plumpsen hat zu Bruno Latours *Das terrestrische Manifest* gehört, im Urlaub komme ich endlich zum Lesen. Du hast mir das Buch schon vor Jahren geschenkt und jetzt liegt es oben im Hotelzimmer neben dem Bett. Die Leselampe war noch an, Zwanzig nach vier, von Morgenröte keine Spur. Ich bin trotzdem aufgestanden, weil ich Lust hatte, dir zu schreiben, von der guten Laune, die mir unsere Arbeit macht.

Lustig schaue ich mich seit unserem Spaziergang im Augarten nach diesen Vaternden um, von denen wir behaupten, dass sie uns beim Zur-Welt-Kommen begleiten, und nach und nach fange ich tatsächlich an, sie zu bemerken. In einer Talkshow nennt eine Frau die Quelle ihrer Meinungen, an der Strandpromenade hält ein Junge seinen Begleiter zurück und die beiden Eiligen laufen doch nicht bei Rot über die Straße, weil sie die anwesenden Kinder bemerkt haben, ein Freund postet, dass er sich geirrt hat. Mein Blick auf die Welt wird sanfter, wenn ich das Zwischenmenschliche als ein Geflecht sehe, das nicht nur verbindet, sondern Menschen durchwirkt, als Sitz unserer gemeinsamen Seele, wir haben nur die eine, so überdauert sie den Tod. Meine Meinung ist genau so gut, wie du darauf reagieren kannst. Einverstanden. Und das ist selten.

Vor fünfundzwanzig Jahren hast du mir die Gedichte von Rimbaud gezeigt. *Ich ist ein anderer,* das ist schon ein glänzender Satz, aber Selbstauflösung ist kein Elternprogramm. Was also tun? Wir können den Körper des Vaters sezieren, ihm eine Psyche andichten und dann versuchen, den ganzen Pallawatsch zu heilen. Dann träumen wir von Erlösung, blicken händeringend nach oben. Oder wir behalten unser Interesse und organisieren uns freundlich. Die Menschheit ist eine soziale Plastik und kein Geniestreich. Was hat der Verlag beim ersten Termin gefordert? Wir sollen ein Buch schreiben, das Hoffnung macht. Hier ist sie! Ich will sofort rüberfahren, nach Venedig, ins Café Florian gehen, auf einen Sessel steigen und verkünden, dass die Demokratie gerettet werden kann.

Freunde! Der Ursprung unserer Geschichte liegt nicht in der Vergangenheit, sondern genau hier, wo sie an unsere Gegenwart anknüpft. Sie verändert sich jeden Tag, und wir dürfen sie selbst schreiben! Das nennt man Humanismus und es ist Europas schönster Beitrag zur menschlichen Identität. Machen wir etwas daraus! Öffentlichkeit kann mehr sein als nur Plattform für eine Welt im Kriegszustand, in der alle unter Verdacht stehen. Zwanzig Jahre nach den Anschlägen von New York wird es Zeit, dass wir das Weltbild des Terrors zurechtrücken. Der Frieden ist möglich! Wir werden eine neue Welt bauen. Wir werden das Menschliche nicht ängstlich verlieren, sondern mutig zur Entfaltung bringen. Wir müssen nur aufhören, Vater zu spielen, und anfangen zu vatern!

Komm runter vom Stuhl, hör ich dich sagen. Du wirst mehr oder weniger sanft hinzufügen, bleib am Boden, wir haben sicher etwas übersehen, warum so viel Pathos? Aber das ist mir jetzt egal, ich habe gerade eine gute Zeit, bin inspiriert und voller Lust. Seit zwei Wochen reise ich mit einer Schönheit, die jetzt noch schläft und die Alpen hinter Venedig verpasst. Wir baden, lachen, weinen und essen mehr Fisch als die Möwen. Seit wir uns kennen, haben wir erst das zweite Mal so viel Zeit miteinander verbringen können.

Morgen fahren wir heim nach Wien, leicht ist das nicht. Die Liebe ist groß und frisch und erschütterbar. Gleichzeitig leben wir auf den ersten Blick wie ein Paar, das schon viele gemeinsame Jahre hatte. In unserer neuen Wohnung wachsen drei Kinder auf, wir sind beide voll berufstätig, die Körper haben schon einiges mitgemacht. Unser Flickwerk pulsiert vor Energie, aber es wurde vom ersten Tag an bedrängt durch Alltag und Pandemie. Wir sind völlig fertig, aber wir fangen gerade erst an.

In diesem Jahr haben sich all meine Wünsche erfüllt. Aber ich habe mich im Zimmer meiner Tochter an ihrem Geburtstag von ihr verabschiedet und bin nachhause gegangen, mit zwei Kindern eines anderen an der Hand. Beim Abendessen habe ich ihnen erklärt, warum ich möchte, dass wir uns nicht nur beim Herrgott für die Spaghetti bedanken, sondern auch beim Koch, also mir. Und ich werde mich bedanken, wenn sie die Teller in den Geschirrspüler stellen. *Den Salat sollte man auch essen, weil sonst kann man schlecht aufs Klo gehen,* habe ich noch gesagt. Und dann wurde die Nachspeise als Geisel genommen und das hat gewirkt. Gut finden wir Drohungen beide nicht, haben wir einander versichert, als wir endlich die Abendzigarette der Schönheit geraucht haben, am Boden des Raumes, der unser Wohnzimmer werden soll, sobald ich wieder Kabarett spielen darf und die Hälfte einer Einrichtung bezahlen kann. Ja, wir wollen es anders versuchen, viel besser, zu zweit, zu fünft, mit allen Beteiligten, deren Zeitplänen und Wertvorstellungen. Wir wollen alles gelten lassen, nichts abwerten und für die Kinder da sein. Aber was ist mit uns? Wer sind wir? Da ist sie, die Schönheit, direkt vor uns, in uns, zwischen uns. Ich bin ein Teil von ihr und sie ist ein Teil von mir. Aber wohin mit all den anderen, die auch noch da sind? Jetzt kommen sie, die Tränen, die Sehnsucht, die Gewissensbisse, alles fließt, nein, die Liebe wird nicht angezweifelt, es ist der Geburtstag meiner Tochter und ich bin daheim, so sehr wie noch nie, aber mein Kind ist nicht da, nicht bei mir, sondern zuhause in seinem Zimmer und hoffentlich froh. Und dann werde ich getröstet, dann fließen ihre Tränen und sie wird getröstet und dann vergeht ein halbes Jahr und jetzt sind wir hier.

Vor zwei Wochen noch, am Wörthersee, das Ventil eines schlaffen Schwimmflügels zum Mund führend, wollte ich weiter eintauchen ins Vatern, unsere Gedanken zum Gebäude ausbauen, an ihnen rütteln, überprüfen, ob sie gut genug halten. Aber heute, hier in Chioggia, vom vielen Träumen um den Schlaf gebracht, sitze ich im Hafen und habe Lust loszulassen. Der Kaffee kommt und mit ihm ein kleines Schokoladenherz in rotem Stanniol. *Non esiste rimedio all'amore se non amare di più,* steht auf der Innenseite der Folie. *Es gibt kein Heilmittel gegen die Liebe, als noch mehr zu lieben,* übersetzt das Internet den Satz und ordnet ihn Henry David Thoreau zu. Ich lese kurz weiter, von der Pflicht zum Ungehorsam gegen den Staat, *mach dein Leben zu einem Gegengewicht, um die Maschine aufzuhalten,* fordert mich Wikipedia auf, und ich übersetze zurück: *amare di più.*

Das ist auch Vatern, mehr lieben, und es ist nie genug, man muss immer noch mehr lieben, die ganzen Kinder, den frühen Morgen, all die vielen Eltern, ihr Tamtam und Trara. Das Leben liebt sich nicht von allein, es produziert zwar Lust und Schmerz, Jubel und Angst, aber die Liebe ist menschengemacht. Sie ist genauso wenig und genauso viel Naturereignis wie Klimawandel oder Demokratie. Für die Liebe muss man etwas tun. Zum Beispiel könnte man vatern, ja, man müsste Interesse üben, jeden Tag mindestens eine Stunde, so lange, bis sogar eine Zuneigung zum eigenen Untergang möglich wird, und nicht als Todestrieb, sondern als Umsicht und Zärtlichkeit. Unser Wissen vom Tod ist die größte Zumutung überhaupt, nichts daran ist leicht, aber mit ein bisschen Glück könnten wir liebevoll aus der Zeit fallen. Dafür muss man allerdings loslassen können, darüber haben wir noch zu wenig gesprochen. Von der Lust am Loslassen möchte ich gerne noch mehr erzählen. Der Kaffee fängt gerade an, zu wirken.

Als meine geliebte Oma ihren neunzigsten Geburtstag gefeiert hat, wurde ein großes Fest gemacht und es war ihr alles zu viel. Zu viel Verwandtschaft hat sie behandelt wie ein Kleinkind, man wollte Rücksicht nehmen und hat sie stattdessen versorgt. Es gab kaum Augenkontakt, nur Fragen zum Essen, banale Geschenke. Nach der Hauptspeise habe ich mich zu ihr gesetzt und wollte wissen, wie ihr das Fest gefalle. Sie hat mich mit leicht gesenktem Kopf angeschaut und eine Augenbraue gehoben. *Wie ist das eigentlich, sehr alt zu werden?*, habe ich weitergefragt. Und meine Oma weiß, dass ich auf eine Frage tatsächlich eine Antwort hören will, das üben wir seit vierzig Jahren beim Wandern und Erdäpfelschälen, auf der Gartenbank, vor dem Fernseher, am Telefon. Wie zur Belohnung hat sie jetzt wirklich erzählt, davon, wie schön es sei, sechzig oder siebzig zu werden, vom Ende der Lohnarbeit, von den Reisen, den Enkelkindern, dass man den Achtziger als Gnade empfinde, aber dann würde es eigentlich zunehmend unangenehm, körperlich, psychisch, sozial, und neunzig zu sein empfinde sie sozusagen als tägliches Aushalten. Nur eine Sache sei wirklich interessant, und zwar, dass man im ganz hohen Alter noch einmal etwas völlig Neues lernen könne, damit habe sie nicht gerechnet. Loslassen, das habe sie ihr ganzes Leben lang nicht gekonnt. Erst jetzt, mit neunzig Jahren, würde sie sich langsam nicht mehr zuständig fühlen, keine Arbeit mehr sehen, könne etwas schleifen lassen und sich auf andere Menschen verlassen. Sie wünschte, das hätte sie schon früher gelernt. Aber sie war Hausfrau. Und die Tür war zu. Sich gehen lassen war nicht drin.

Die Tür halte ich für eine weitere Schlüsselstelle des Vaterns. So ein Haus hat ja nicht nur Fenster, es ist auch ein Kommen und Gehen. Du und ich, mein lieber Klaus, wir finden beide wichtig, dass Kinder grüßen. Wer Hallo und Baba sagen kann, hat es leichter im Leben, das merkt man sofort. Wer nicht grüßt, ist nirgends angekommen und bricht aus Ungewissheit auf. Du denkst an Fenster, ans Rausfallen, wenn du von Haltlosigkeit sprichst, mir kommen dabei Türen in den Sinn. Beim Ankommen und Aufbrechen, da spielt es sich ordentlich ab. Du schreibst in deinem Brief von Lieblosigkeit in meiner Beschreibung deiner Eltern. Dazu fällt mir Botticellis *Frühling* ein, der als Kunstdruck in ihrem Schlafzimmer hing und den ich als Kind stundenlang angestarrt habe, mir fallen Kakaokekse aus dem Bügelzimmer ein und Karotten aus dem Garten. Und ich erinnere mich daran, wie unangenehm mir jedes Mal *Grüß Gott* sagen war, wenn wir zu Besuch gekommen sind. Weil deine Eltern konnten nicht grüßen. Da war wenig Ernst in dem Ritual, kaum Wahrhaftigkeit in ihren Zeichen, jede Rührung war voll Ironie. Im Grunde haben sie das Grüßen als alberne Folklore verachtet. Willkommen gefühlt habe ich mich im Haus deiner Eltern jedenfalls nicht.

Wer bei der geliebten Oma ankam, wurde festlich begrüßt und dann zwei Tage lang als Gast bewirtet und befragt. Danach wurde man mit wehendem Stofftaschentuch verabschiedet, oder man blieb als Bewohner und musste Erdäpfel schälen. Dort war ich gern, trotz des allgegenwärtigen Stumpfsinns, des Lärms und der blühenden Aggression. Bei deinen Eltern war es deutlich ruhiger, aber man hatte als Gast kaum Rechte, schon nach wenigen Sekunden drehte sich alles um ihre vielen Regeln. Heute, als Erwachsener, bin ich durchaus in der Lage, mein Bedürfnis nach Freimütigkeit zu zeigen. Aber als Kind hätte ich es gebraucht, dass zum Einstieg an der Tür jemand sagen und auch meinen kann: *Schön, dass du da bist.* Wieso das nicht möglich war, das frage ich mich schon ein Leben lang. Vielleicht, so kann ich seit zwei Wochen vermuten, waren deine Eltern ihrerseits unsicher, ob es überhaupt schön sein durfte, wenn sie *da* waren, in ihrem eigenen Haus.

Dein letzter Brief liegt neben mir auf Tisch Nummer vier und die Schilderungen von Flucht und zerbombten Kindheitshäusern lassen mich bevaterter, also interessierter, darauf blicken, weshalb deine Eltern dem Kommen und Gehen so viel haltloser begegnet sind als meine geliebte Oma, die zweiundneunzig Jahre auf demselben Grundstück lebte, das intakte Geburtshaus im Rücken, die Alpen fest im Blick. Dahinter Venedig als Möglichkeit.

Auf radikaler Ungewissheit haben deine Mutter und dein Vater ihr Gebäude aus Verordnungen gebaut, ich durfte das Glas nicht angreifen, auch nicht das Holz oder die Wand oder das Buch oder gar die Frisur, wenn ich meinen Fuß auf das Sofa legte oder die Fransen des Teppichs mit den Zehen durcheinanderbrachte, wurde demonstrativ und lautstark geseufzt. Man sollte nicht bröseln, nicht schmatzen, nicht stolz sein oder gar sanft. Ja, ich durfte auch manchmal eine Karotte aus der Gartenerde ziehen oder über zwei Stühle ein Tischtuch spannen und darunter Haus spielen, mir ein Keks nehmen. Man durfte und man tat es gern. Aber jede eigenständige Regung wurde als Störung oder Lächerlichkeit kommentiert. Deshalb war ich im Haus deiner Eltern möglichst wenig auf der Welt. Als Unsichtbarer habe ich Kratzer in Möbel gemacht, Balkonblumen zerquetscht oder ein Stück Käse abgeschleckt und zurück in den Kühlschrank gelegt. An dieses Dasein als Saboteur erinnere ich mich nicht gern, aber das Regime ließ nichts anderes zu. Bisher habe ich diesen Hausbrauch als Ausläufer einer noch viel größeren Unerbittlichkeit gesehen, durch deinen Brief kann ich versuchen, die Haltlosigkeit deiner Eltern sanfter zu betrachten. Gerade stelle ich mir vor, dass dein Vater und deine Mutter vielleicht sehr ineinander verliebt waren. In meinen Augen sitzen sie hier im Hafen von Chioggia und erleben Momente des Staunens und der Begierde. Aber sie bleiben dabei unsicher, ob ihnen derlei Interesse überhaupt erlaubt ist, also können sie ihre Verliebtheit nicht zu einer Liebe ausformulieren. Die Welt kann bei ihnen nur stören. Denn sie wissen nicht, wie man sich gehen lässt und wie man andere begrüßt. Ich glaube, deinen Eltern hat das Vatern gefehlt, *amare di più*.

Die Kellnerin bringt den zweiten Espresso und im zweiten Schokoladenherz ist derselbe Thoreau drin. Jetzt liegen vor mir schon zwei rote Folien und auf beiden steht derselbe Spruch von immer mehr Liebe. Langsam wird es Zeit, dass die Schönheit erwacht. Ich mag nicht mehr allein staunen. Sogar die Alpen hinter Venedig nützen sich irgendwann ab. Was vor meinen Augen als Ereignis aufgetaucht war, als eine Pracht, drängt sich jetzt in meinen Augen zwischen die Ängste. Ein Monat noch, dann werde ich vierzig Jahre alt sein. Bei meiner Geburt lagen Krieg und Diktatur für die Großeltern erst sechsunddreißig Jahre zurück. Die haltlosen Jugendlichen, die sie sein mussten, zwischen den Trümmern ihrer Elternhäuser, tun mir unendlich leid. Ich möchte sie umarmen und sagen: *Schön, dass du da bist.* Was weinst du, frage ich mich, und um wen?

Ich ordne ein und verstehe, so gut ich eben kann, erfinde den Rest, versuche zu denken. Wir wohnen in mehr oder weniger stabilen Häusern und dort passieren Momente, wir durchleben sie unter Schmerzen oder mit Wohlgefühl. Diese Empfindungen werden sesshaft gemacht, indem wir ihnen Bedeutungen zuschreiben. Ja, wenn wir bleiben wollen, brauchen wir Begriffe davon, wer wir sind und was vor uns liegt. Das Meer ist blau und der Himmel ist blau, weil wir das so sagen, seit ungefähr tausend Jahren, davor war blauer Farbstoff in Europa Mangelware, also gab es auch kein Wort dafür, das Meer war grünlich und grau. Seit der Himmel blau sein darf, hat die Farbe eine steile Karriere gemacht, von der Madonna über Kaiser und Könige bis hin zur Flagge der Europäischen Union. Zu begreifen, dass der Himmel in Europa erst durch den Welthandel blau geworden ist, gibt uns Anhaltspunkte in unserer Umgebung. Ein Lebensraum wird zum Ort durch seine Geschichte, seine Begriffe und Mythen. Unser Blick auf die Welt ist vom Menschen verursacht. Wenn er voller Liebe sein soll, dann müssen wir etwas dafür tun. Wir leben in einer Demokratie. Das bedeutet nur dann etwas Gutes, wenn wir uns selbst behaupten, sonst wird die Geschichte über uns gemacht.

Das Vatern ist die Hausaufgabe der Demokratie. Und sie ist überfällig. Aber was genau war der Vater, bevor wir angefangen haben, ihn so zu nennen? Fest steht nur, der römische Despot steht schon viel zu lange unnütz in der Gegend herum und klammert sich an seine überflüssige Autorität. Wenn ein Zusammenleben voller Interesse möglich werden soll, müssen wir dringend anfangen, mit diesem *Vatern der vielen*. Und, da ist einiges zu tun, wir müssen Lohnarbeit reduzieren, Wohlstand sinnvoll verteilen, demokratische Freiräume schaffen ... Aber, Moment, machen wir das nicht längst? Unsere Urgroßeltern lebten mit 60-Stunden-Woche, Prügelstrafe und ohne Frauenwahlrecht. Vatern wir in Wirklichkeit seit Generationen und sehen das nur nicht so, weil es noch nicht diesen Namen trug? War das Meer bisher grün? Seit wir im Augarten den Namen des Vaterns aus der Taufe gehoben haben, fühle ich mich großartig. Und gleichzeitig misstraue ich dieser Großartigkeit zutiefst. Sie kommt mir vor wie ein Erbe des Römers, das ich nicht antreten will. Viel lieber möchte ich loslassen.

Mein lieber Klaus, mir wäre wohler, wenn wir das Vatern nicht erfinden würden, sondern einfach bemerken, dass es da ist, indem wir uns die Zeit nehmen und hinschauen. Soll doch der Indogermane in der Steinzeit damit begonnen haben. Als Mythos wirkt das Vatern sicher am kräftigsten. Als Gegengewicht zur römischen Maschine lebt es als Offensichtlichkeit fort. Wir müssen nur hinschauen. Das Vatern ist überall. Da drüben, in den Alpen, wo auf Bauernhöfen seit jeher im Patchwork gelebt wurde. Das Vatern war sicher vor Hunderten von Jahren schon in den Liedern der Leibeigenen, die gegen ihre Feudalherren aufbegehrten. Wir können das mit Fug und Recht behaupten, wissen können wir es nicht. Alpine Volksmusik wurde wegen ihrer Brisanz verfolgt, zensuriert und schließlich radikal ausgelöscht. Die Harmlosigkeiten vom Schatzi und vom Bussi, die heute alles übertönen, knüpfen hingegen an höfische Tänze an, mit denen die Musik der revolutionären Bauern verdrängt werden sollte. Heute wissen wir nicht mehr, wie die Lieder unserer

Vorfahren geklungen haben. Umso lauter müssen wir sie singen. Wir wissen, dass die hochwohlgeborene Herrschaft nur einen Mann als Überbringer der Steuern akzeptiert hat, und deshalb gehen wir von einem Patriarchat aus. In Wirklichkeit wissen wir über die sozialen Strukturen der Allmenden und Genossenschaften in den Alpen wenig. Vielleicht gab es dort Basisdemokratie, keine Erbschaften und jeden Mittwoch war sexpositive Party.

Unsere Geschichte wurde lange Zeit geschrieben von denen, die versucht haben, uns absolut zu beherrschen. Dadurch ist fast alles Wesentliche in Vergessenheit geraten. Aber ganz gelingt Auslöschung nie. Und restlos konnte man auch das Vatern nicht beseitigen. Die Geschichte vom Lochmacher wird seit Jahrtausenden erzählt, da bin ich sicher. Wir zwei, du und ich, wir müssen nur damit weitermachen.

Loslassen bedeutet für mich auch, dass wir deinen Eltern zugestehen, dass sie das Vatern schon bemerkt haben. Und mir kommt vor, wenn ich gut genug hinschaue, sehe ich sie da drüben über den Markusplatz spazieren, sie staunen nicht schlecht, halten Händchen, dürfen noch die Tauben füttern, es sind die Fünfziger. Sie leisten sich einen Espresso im Café Florian und blicken auf den Dom, angenehm abgenutzt vom vielen Verliebtsein, leicht irritiert von der Klaviermusik, und davon, dass die Worte, die sie füreinander verwenden, mit denen sie beschreiben wollen, was zwischen ihnen ist, dieselben Worte sind, mit denen sie das Leben schon besprochen haben, bevor sie einander gefunden haben. Glück, Liebe, Vertrauen, Zuhause, all das wurde schon gesagt, von ihr und von ihm, zu anderen, und es wurde auch so gemeint, aber ganz anders als heute. Komm, sagen sie, entfernen wir uns gemeinsam ein Stück weit von allem, was bisher war. Wir müssen reden, vielleicht sogar schreiben, jedenfalls eine Sprache finden, Kultur werden. Sonst können wir nicht bleiben. Lass uns alles besser machen.

Und dann fahren sie weiter nach Florenz und suchen in der Kunst nach einem gemeinsamen Weltbild. Sie sehen eine Fülle von Marien, Allmächtigen, Heiligen und Königen, bewundern Faltenwürfe und bedauern zahllose Christusse, einer leidender als der andere. Niedergedrückt von der Wucht der Renaissance, setzen sie sich vor Botticellis *Frühling* auf den Boden und plötzlich bemerken sie die Blumen. Es sind Hunderte Gartenpflanzen, Heilkräuter und Waldbeeren, die in leuchtenden Farben und detailgetreuen Darstellungen den rätselhaften Tanz der Nymphen, Götter und Grazien umwachsen. Bei 98 Pflanzenarten hören sie auf zu zählen, sie bestimmen gemeinsam Kornblumen, Nelken, wilde Erdbeeren und roten Mohn. Bei Immergrün und Myrte sind sie nicht ganz sicher, aber die Lust ist zurück. Vielleicht gibt es noch mehr zu sehen, wenn man genauer schaut. Sie laufen zurück, durch die Gänge und Säle der Uffizien, sehen das Burschikose der Madonna auf Michelangelos *Tondo Doni*, wie beiläufig die Gottesmutter auf Da Vincis *Verkündigung* ihre Lektüre unterbricht, und finden diese Geste des Eigensinns wieder auf Raffaels *Madonna mit dem Stieglitz*. Je schärfer ihr Blick für das Nebensächliche wird, desto öfter bemerken sie aber den heiligen Josef. Sein Ausdruck fällt merklich aus den Kompositionen absoluter Herrschaftlichkeit. Die Marien wirken stets, als würden sie unter Beobachtung stehen, hingerichtet auf ihren heiligen Zweck, ähnlich verhält es sich mit dem übrigen Personal. Aber diese Josefs ziehen Fratzen, blicken mürrisch, manchmal sind sich die Verliebten gar nicht sicher, ob das wirklich ein Josef sein kann, so konfus und entrückt wirken seine Züge, so wenig nimmt er am Geschehen teil. Da wendet sich jemand ab, von der Macht, als Träumer, als Sanfter, als Idiot. Inspiriert vom Variantenreichtum, mit dem sich der heilige Josef als künstlerischer Freiraum durch die Herrschaftskunst bewegt, erinnern sich deine Eltern an seine Aufgabe im Mythos. Er bleibt, als liebender Fremdkörper. So haben sie das Vatern bemerkt und beschlossen. Einmal mehr.

Und dann kommst du.

Und dann komme ich.

Je bevölkerter der Hafen wird, je mehr Stimmen sich nebeneinander um Gehör bemühen, im Klappern der Untertassen, gegen die Rhythmen der Getriebe, desto größer wird mein Drang, all die Eindrücke zu Geschichten zu ordnen, damit ich ertragen kann, wie sehr mich jede Regung beunruhigt. Ich muss sitzen und schreiben. So wie du schon gesessen bist und geschrieben hast, um überhaupt auf der Welt sein zu können, dich an ihr zu beteiligen. Als ich mit dem Schreiben begonnen habe, da vaterte ich dir zweifellos nach. Das notierende Sitzen war eine kindliche Geste, eine Suche nach der Welt in deinem Vorbild. Dein Vater war ein Notar, du vaterst als Notierender. Ich selbst habe oft gar nichts aufgeschrieben, sondern bin nur gesessen, in irgendeinem Hafen, und habe genossen, dass ich wusste, wie man seinen Kugelschreiber halten muss, die Zigarette und seinen Kopf, um nicht der Einzige zu sein, auf der Welt. So bin ich ein Schauspieler geworden, der seinen eigenen Text spielt. Dein Interesse war mir dabei anfangs Maßstab, zwischendurch Belastung und ist heute tragende Säule. Für mich hat das Schreiben immer eine große Anstrengung bedeutet. Ich musste dabei alles vergessen und verlernen und mich im Ausgeräumten wiederfinden. Erst dann hatte ich etwas zu erzählen. Es ist schön, dass du mich begleitest, während das anders wird.

Ich falle nicht mehr aus der Welt. Meine Gedanken verlassen nicht den Hafen von Chioggia, sie breiten sich darin aus. Dass ich mich dieser Tage nicht vollends auflösen muss, im Schreiben, im Erzählen-Wollen, das liegt an der Schönheit. Sitzen und schreiben, das bedeutet neuerdings auch, ich schaue mich währenddessen nach ihr um. Zu verschwinden, das kommt für mich nicht mehr in Frage, ich will da sein mit ihr. Ich will ihr eine Freude machen und dann noch eine. Langsam wird es hier sowieso zu heiß zum Schreiben, das Loslassen wird mir nicht schwerfallen. Um das Vatern sollen sich eine Weile andere kümmern. Wir nehmen jetzt hoffentlich bald das Vaporetto nach Venedig, obwohl Sonntag ist und schon wieder Rekordhitze, und dann gehen wir von Santa Lucia zum San Marco und lieben uns mehr.

Am Dienstag geht es schon zurück nach Wien. An unserem Küchentisch sitzen dann wieder mindestens drei Wahrheiten. Unsere Kinder kommen von zuhause, wenn sie heimkommen zu uns. Der regelmäßige Perspektivenwechsel erzeugt ein Nebeneinander der Prinzipien, dem man mit Interesse am sinnvollsten begegnet. Durch Nachfragen und Vorschläge bringt man sich in die Regelwerke der anderen Kinderzimmer ein, die Hierarchie bleibt flach und die Vergangenheit vergeht nicht. Man kann die Liebe niemandem erklären, man muss dabei gewesen sein. Aber das Wort kann neue Bedeutung bekommen, auch wenn die Früchte einer alten Bedeutung durch die Wohnung trampeln. Man muss es allerdings immer weiter versuchen, mit allem Ausdruck, zu dem man imstande ist. Die Begriffswelten, die man sich so erschließt, reichen nie an das heran, was man damit bezeichnen will, aber sie sind das Haus, in dem die neue Liebe wohnt. Und daran, wie wir unsere Häuser bauen, wird sichtbar, wie wir mit der Liebe umgehen.

Ich habe in der Zeitung gelesen, dass ungefähr zehn Prozent aller Familien in Österreich im Patchwork leben. Ich glaube, diese Statistik rechnet viele Geliebte hinaus, die Gäste, die Knechte, die Freunde, die Heimlichen, die Pflegerinnen und die Putzkräfte. Ich hoffe, dass die Gesetze unseren Flickwerken bald ermöglichen werden, sich eine vernünftigere Struktur zu geben. Vielleicht teilen sich bald drei oder sieben Personen ein Sorgerecht und Frauen können völlig frei über ihren Körper entscheiden. Womöglich wird ein Haushalt demnächst von vierzig Stunden Lohnarbeit zu finanzieren sein, und diese vierzig Stunden werden aber unter mehreren Arbeitskräften aufgeteilt. Ausgeschlossen ist das nicht. Kinder brauchen jemanden, der sie gebiert, und viele, die sie liebevoll zur Welt begleiten. Ob das drei Männer sind oder zwölf Frauen, das ist keineswegs egal, aber jede Konstellation kann gutgehen, aus den unterschiedlichsten Gründen. Verantwortlich dafür sind wir alle, anders geht es nicht. Dass Kinder nicht bei Rot über die Straße gehen, dass sie nicht im Flüchtlingslager erfrieren und in zwanzig Jahren immer noch eine Welt vorfinden, auf der Menschen leben können, das ist unsere gemeinsame Verantwortung. Wir alle sind Bezugspersonen. Vielleicht kann uns das Vatern dabei helfen, das klarer zu sehen.

Direkt am Kai steht eine kleine Kirche, die Giebel von Türen, Fenstern und Dach deuten spitz zulaufend nach oben, und dort, in der Höhe, stehen Skulpturen bärtiger Männer, die Hände zu bedeutungsvollen Gesten arrangiert. Die Bärtigen wirken, als könnten sie mühelos die Schwerkraft überwinden und als wäre das etwas Gutes. Dabei hält uns die Schwerkraft auf Erden, damit wir beisammen sein können und nicht ewig fallen. Der Himmel ist unten, möchte man mit allem Recht entgegenhalten, und er ist grün! Ich hoffe, dass ich als Vaternder nicht so bin wie diese Bärtigen, ständig über den Dingen schwebend. Hier, im Schreiben, habe ich nichts gegen Dichte und

Jetzt kommt sie

Schön, dass du da bist

h

Unsa

November, ca. 4800 v. Chr.

sie sangen das Lied

„Eigentlich wären wir fertig", sagt der Ältere.

In diesen Tagen haben Eiswinde die Erde zwischen den Häusern schon ausgetrocknet und Raureif umhüllt die Sträucher. Grüngraue Schneewolken schieben sich über dem lautlosen Grasmeer heran, aber in dieser Stunde ist ihnen warm. Sie haben Vorräte eingelagert, etliche Rüben sogar, und mit den Häusern am Waldrand Frieden gemacht. Das trockene Holz wird bis zum Ende der langen Nächte reichen und die Ziege gibt heuer frühzeitig Milch. Die Glut wärmt den Brei und das Dach ist gedeckt. Seit sieben Tagen schon schlafen sie mit trockenen Füßen.

„Ja. Es ist gut", stimmt der Jüngere zu und zieht das Fell enger um seine Schultern: „Nur leider auch finster."

Die anderen murmeln.

„Dann schließe deine Augen", empfiehlt der Ältere.

Der Jüngere spuckt auf die Glut, dass es zischt. „Hier ist es finster! In meinem Brei war ein Stein. Jetzt fehlt mir ein Zahn. Was hilft es da, wenn ich meine Augen schließe? Wieso sagst du so einen Unsinn?"

Der Ältere rückt nahe an die Glut: „Komm her einmal", und sein Gesicht taucht aus der Dunkelheit auf: „Das war nicht ich. Das hat *Unsa* gesagt: Wenn es finster ist, schließ die Augen."

Die anderen murmeln.

„Hat *Unsa* noch mehr Unsinn gesagt?", fragt der Jüngere frech.

„Knurrt der Hund, reich ihm die Hand."

Die anderen lachen.

„Kannst du nicht pinkeln, geh doppelt so oft."

Das Lachen wird lauter.

„Jede Lücke ein neuer Zahn."

Einige husten vor Lachen.

„Genug! Genug!", ruft der Jüngere, „ich ertrage den Unsinn nicht länger!"

„Hört man dich nicht, bist du zu laut", sagt der Ältere noch.

„Hat das auch dein *Unsa* gesagt? War er der Haustrottel?", fragt der Jüngere.

Es ist plötzlich sehr still, und der Ältere schweigt. Wiegt nachdenklich den Kopf und verschwindet wieder im Dunkeln.

Die anderen murmeln auffordernd.

Und von dort, wo der Ältere verschwand, beginnt es nun zu sprechen, fast singend und summend:

Am Anfang, musst du wissen, war wenig
Und die Graswelt noch flach.
Die Nacht war schwarz und sehr eng.

Unsa hockte im Schlamm
Bei den Ziegen
Die ihn nährten, und schaute zum Himmel.
Als die Sonne stieg
Stand der Vollmond leuchtend neben ihr.
Niemand außer ihm
Hatte das bisher gesehen.

Und es war alles
Woran *Unsa* dachte
Als er in die Reihen der Menschen geriet.
Die einen gingen zur Sonne
Die andern zum Mond.
Wenn du lange genug schaust, siehst du

Die strahlende Sonne neben dem leuchtenden Mond
Sagte er zu der vor ihm stapfenden Frau
Und zu dem hinter ihm stapfenden Mann.
Der schlug ihm mit der Axt ein Loch in den Kopf.
Und es wurde schwarz am Tag
Und die Graswelt war leer.

Unsa stand auf
Ging mit geschlossenen Augen weiter
Und trat über Disteln und Dornen
Zurück in die Reihen.
Die meisten verloren Zähne
Im Kampf und beim Essen
Und fielen irgendwann um.
Dann kamen die Nächsten.

Unsa sagte dem vor ihm
Jede Lücke ist ein neuer Zahn.
Und schon hatte er einen verloren.
In der Lücke spielte er mit der Zunge
Und mit geschlossenen Augen
Das Lied von Sonne und Mond.
Dabei war er stehengeblieben
Statt über Gräben zu springen.
Die hinter ihm trat ihn nieder.

Unsa wankte
Ging zurück und nahm Anlauf.
Eine Nächste schlug ihm mit der Axt ein Loch
In das Kopfloch.

Unsa taumelte.
Dann ging er langsam im Kreis
Und fiel um.

Auf der einen Seite der Wald
Auf der anderen Häuser.
Ein Hund umkreiste ihn knurrend.

Unsa blieb lange liegen
Und dachte nichts.
Er spielte sein Lied
Mit kreisender Zunge.
Der Hund lag an seiner Seite
Und kleinere Wesen umringten ihn.
Sie bewegten sich
Sobald sich seine Zunge in der Zahnlücke bewegte.
Sie kreiste rechtsherum
Und die kleinen Wesen tanzten nach links.
Sie kreiste linksherum
Und die kleineren Wesen wirbelten andersherum.
Unsa lachte.
Da liefen sie schreiend
Zurück zu den Häusern.

Unsa setzte sich in den nächsten Busch
Dachte weiter an nichts
Und betrachtete seine Füße.
Die Nacht war schwarz und nicht eng.
Als die Sonne aufging
Stand der Mond leuchtend neben ihr.
Bei den Häusern gab es Kommen und Gehen.
Bald schlief auch er zwischen den Fellen
Und manchmal bei ihr.

Eines Morgens blieb *Unsa* im Haus
Bis zum Essen
Und die kleineren Wesen
Schauten ihn an

Und bohrten in ihren Nasen.
Er schaute sie an.
Wenn du in einem Nasenloch bohrst
Vergiss nicht das zweite.
Es war dunkel im Haus
Und sie sangen das Lied.

An manchen Tagen zog *Unsa* kreisrunde Furchen
Und weil er gerade dabei war
Rührte er im Topf
Und rieb Salbe auf die Wunden.
An anderen Tagen tat er nichts
Und die kleineren Wesen sahen ihm zu.

Als die Kälte kam und alle zur Sonne aufbrachen
Befahl sie ihm zu helfen
Mit ihnen zu gehen.
Der Boden wird zu hart
Sagte sie. *Unsa* sagte
Wenn etwas zu hart ist
Geh im Kreis.
Und das tat er und hörte
Wie sich die Stimmen im Grasland verloren.
Selbst das Knurren des Hundes war weg.

Da holte er seine Axt aus dem Gebüsch
Und schlug ein Loch in das Haus
Zuerst eines von außen
Noch zornig
Dann nahe daneben noch eines von innen
Schon ruhiger.

Unsa schaute hinaus.
Niemand war da.

Und er ging um das Haus
Und schaute beim zweiten Loch wieder hinein.
Er sang das Lied.
Es schneite bis über das Dach.
Er fror und aß Gräser und kaute Holz
Er schaute durch die Löcher
Sah Sonne und Mond
Und hatte, bis das Eis taute
Fast nur noch Holzspäne im Mund.

Dann schaute der Hund
Dann die Ziegen und kleineren Wesen herein.
Er sah die Frau lachen.

Unsa ist immer geblieben.
Später pinkelte er in der Nacht zweimal ins Gebüsch
Und verlor seinen letzten Zahn.
Sein Mund war sein Lied.
Wenn die kleineren Wesen
Und die Frauen
Und die Kommenden
Und die Gehenden
In der Nacht am Boden saßen
Dann schaute er aus dem kreisrunden Loch
Und sah die aufgehende Sonne neben dem leuchtenden Mond.
Viel mehr sah er nicht.

Er sah nun deutlich und klar.
Er lachte und alle um ihn Sitzenden auch.
Wenn du ein Loch siehst
Dann schau hinaus
Sagte *Unsa* zuletzt.

Etwas heiser hat der Ältere zu Ende gesprochen und es ist lange Zeit still. Dann summen die anderen ein Lied. Der Jüngere hat es schon oft gehört und summt mit. Auch der Ältere summt.

Dann ist es wieder lange Zeit still.

Eine Ziege stampft auf. Der Jüngere öffnet die Augen. Obwohl es finster ist, weiß er, dass neben ihm der Ältere liegt.

„Wach auf! Wach auf!"

„Sei still! Willst du die anderen wecken?"

„Ich weiß jetzt, was wir zu tun haben."

„Was meinst du?"

„Wir müssen es machen wie *Unsa*."

„Ein Loch?"

„Zwei, oder sogar drei."

„Aber sind wir nicht eigentlich fertig?"

Da fangen die anderen an zu sprechen, murmelnd noch und wie im Schlaf, dann lauter, durcheinander und viel.

Hosea Ratschiller, geb. 1981 in Klagenfurt. Seit der Geburt der ersten Tochter gerne Wiener. Als Autor und Schauspieler seit 1998 für Bühne, Rundfunk und Film tätig. Die humoristische Arbeit wurde mehrfach ausgezeichnet. Gastspiele in Deutschland, Österreich, Schweiz und Italien. Ratschiller steht für Witz mit Eleganz. Aktuelles zu Hosea Ratschiller finden Sie auf www.hosearatschiller.at

Klaus Ratschiller, 1959 in Kärnten geboren. Nach dem Lehramtsstudium Lehrtätigkeit an österreichischen Universitäten und seit 1994 mit einigen Unterbrechungen an einem Wiener Gymnasium; seit 1985 Mitarbeit an philosophischen Projekten und Publikationen, schriftstellerische Tätigkeit (u. a. die Bücher „Kollege M" und „An deiner Stelle"). Vater zweier Kinder, die 1981 und 2010 auf die Welt kamen.

Fotos: Harald Eisenberger

Liebe Leserin, lieber Leser,

hat Ihnen dieses Buch gefallen? Dann freuen wir uns über Ihre
Weiterempfehlung. Erzählen Sie davon im Freundeskreis, berichten
Sie Ihrem Buchhändler oder bewerten Sie beim Onlinekauf.

Wollen Sie weitere Informationen zum Thema?
Möchten Sie mit den Autoren in Kontakt treten?
Wir freuen uns auf Austausch und Anregung unter
leserstimme@styriabooks.at

Inspirationen, Geschenkideen und gute Geschichten finden Sie auf
www.styriabooks.at

STYRIA
BUCHVERLAGE

© 2022 by Molden Verlag
in der Verlagsgruppe Styria GmbH & Co KG
Wien – Graz
Alle Rechte vorbehalten.
ISBN 978-3-222-15086-9
Bücher aus der Verlagsgruppe Styria gibt es
in jeder Buchhandlung und im Online-Shop
www.styriabooks.at

Projektleitung und Lektorat: Ulli Steinwender
Cover- und Buchgestaltung: Ursula Feuersinger
Korrektorat: Joe Rabl
Cover- und Autorenfotos: **S. 175** © Harald Eisenberger
Abbildungen: **S. 6** © Privat: Klaus und Hosea, **S. 32** © Wikipedia,
S. 62 © Stefan Moses: Ernst Bloch, Rudi Dutschke und Hosea Che
Dutschke, **S. 76** © THERE THERE Company: Carrying my Father,
www.theretherecompany.com, **S. 118** © Sandro Botticelli: Primavera,
S. 164 © Pascale Osterwalder: Zeichnung Unsa

Druck und Bindung: Florjančič tisk, Maribor
Printed in the EU
7 6 5 4 3 2 1